O ATRAVESSAR DA TORMENTA

Letra Espírita

SIMARA LUGON

O ATRAVESSAR DA TORMENTA

CAMPOS DOS GOYTACAZES-RJ | 2023

1ª edição – Junho/2023

CAPA: Gabriela Dias

IMAGENS DA CAPA: Griffin Wooldridge | Pexels.com / Aldrin Rachman Pradana | Unsplash.com

DIAGRAMAÇÃO: Victor Benatti (@vbenatti)

REVISÃO: Rafaela Paes de Campos

COORDENAÇÃO EDITORIAL: Murilo Viana

TÍTULOS: Dermawan Sans [Hendra Pratama]

TEXTO: Book Antiqua [Monotype Corporation]

Contato e pedidos:
vendas@letraespirita.com.br
(22) 2738-0184 | (22) 99820-3332

Dados Internacionais de Catalogação na Publicação (CIP)
(Câmara Brasileira do Livro, SP, Brasil)

Lugon, Simara
O atravessar da tormenta / Simara Lugon. -- 1. ed. -- Campos dos Goytacazes, RJ : Letra Espírita, 2023.

ISBN 978-65-88535-49-3

1. Reencarnação 2. Romance espírita I. Título.

23-145185 CDD-133.9

Índices para catálogo sistemático:

1. Romance espírita : Espiritismo 133.9

Aline Graziele Benitez - Bibliotecária - CRB-1/3129

DEDICATÓRIA

Aos meus falecidos avós Wilson Lugon e Juracy Gripp Lugon que tanto contribuíram para minha formação cristã dentro da Doutrina Espírita e fizeram despertar em mim o amor pelos livros e pelo Espiritismo. Aos profissionais da saúde, os verdadeiros heróis da pandemia. À todas as vítimas da Covid-19 e aos seus familiares.

SUMÁRIO

01

AMEAÇA INVISÍVEL

O despertador tocou às seis horas da manhã com seu som estridente.

- Preciso lembrar de trocar esse toque insuportável - pensou Marina. - Mas toda vez que coloco um som calmo eu acabo dormindo de novo - riu consigo mesma.

Espreguiçou-se lentamente, abriu as cortinas do quarto e viu que o sol já brilhava intensamente no céu avisando que aquele seria um dia calor na pequena cidade em que morava no interior do Rio de Janeiro. Respirou profundamente após abrir a janela sentindo a brisa da manhã bater suavemente em seu rosto. Ah, como adorava absorver essa energia gloriosa das manhãs de sol. Sua professora de *Yoga* chamava isso de *prana,* a energia vital universal que é absorvida pela respiração. Ela dizia que na tradição do *Yoga*, o *prana* é uma energia que envolve e nutre o corpo, sendo possível absorvê-la pela inspiração e, durante a expiração, essa energia é distribuída pelo corpo através dos *chakras* ou centros de força.

- Bom dia meu amor! - André interrompeu seus pensamentos, abraçando a esposa e afundando o rosto nos seus longos e perfumados cabelos castanhos.

- Bom dia! Vamos, pois acabaram minhas férias e hoje temos um dia cheio - disse Marina se desvencilhando do abraço de André apressadamente.

- Calma, meu amor - disse André apertando-a em seus braços novamente. - Sabe que sempre vale a pena pararmos por um tempo para observarmos as belezas da natureza juntos. Se não fizermos isso, de que valeu o dia?

- André, você e seus devaneios de sempre - riu Marina relaxando nos braços do marido e aceitando sua sugestão.

Assim ficaram observando o amanhecer e absorvendo aquela mágica energia que vinha da natureza, até que foram interrompidos pelos latidos de Lili, a cachorrinha da família, que ansiava pelo seu 'café da manhã' do outro lado da porta do quarto.

- Calma Lili, já estamos indo - gritou Marina interrompendo o agradável clima de relaxamento e iniciando as tarefas do dia. Colocou a ração da cachorrinha *Basset* na vasilha, um pouco de água fresca para ela beber e chamou seu marido:

- André, leve a Lili para a voltinha da manhã, por favor?

- Levo sim, só um minuto meu amor - respondeu André enquanto escovava os dentes.

- Quando você chegar, o café já estará pronto - disse Marina alegremente.

Ela então passou o café, montou uma mesa com frutas, bolo, pãezinhos e suco de frutas e foi chamar Sofia, sua filha. Entrou cautelosamente no quarto que tinha paredes pintadas de amarelo, a cor favorita da menina. A mãe abriu as cortinas lentamente e a luz do sol adentrou pelo quarto suavemente.

- Bom dia minha princesa, vamos acordar? - Chamou Sofia tirando-a de seu sono aconchegante, mas enchendo-a de beijinhos para compensar.

- Bom dia, mamãe! Finalmente as férias acabaram e hoje será meu primeiro dia de aula como aluna do terceiro ano - exclamou ansiosa com a novidade.

- Sim, finalmente chegou o dia de você conhecer novos amigos e aprender novos conceitos. Vamos colocar o uniforme novo?

- Sim, mamãe! Você poderia fazer aquela trança bonita nos meus cabelos?

- Claro, mas vamos logo para não nos atrasarmos. Montei uma linda mesa de café da manhã especialmente para você.

Sofia vestiu seu uniforme novo, a mãe penteou carinhosamente seus cabelos da forma que ela pediu e sentaram-se à mesa para fazer o desjejum. André chegou faminto e uniu-se a elas enquanto Lili latia alegremente após seu passeio.

- Como você está linda, minha filha! Animada para o primeiro dia de aula?

- Estou sim papai, espero fazer novas amizades esse ano - disse Sofia fazendo carinho em sua cachorrinha Lili.

- Ah, com certeza você fará muitas amigas novas, pois não tem como alguém te conhecer e não te amar - André respondeu abraçando sua filha.

- Até parece papai - disse timidamente enquanto tomava seu suco de laranja.

Sofia havia completado 8 anos em janeiro e era uma menina esperta, amorosa e que encantava a todos com seu jeito meigo e gentil. Tinha os olhos castanhos amendoados feito os do pai, e os cabelos compridos levemente cacheados e castanhos como os da mãe. Quando sorria seu rosto evidenciava duas covinhas encantadoras, que derretiam o coração dos pais que tanto a amavam.

André conheceu Marina no ano de 2008, no aniversário de uma amiga em comum que os apresentou. Para ele foi amor à primeira vista, encantou-se com a beleza e o jeito desajeitado de Marina. Tanto fez que conseguiu conquistar seu coração. Marina não cedeu à sua aproximação logo de início, pois se assustou com aquele sentimento tão profundo por parte de André, mas com o tempo e a persistência dele em se aproximar, acabou caindo em seus encantos. André era amoroso, responsável, amava a natureza, os animais e trazia a segurança de uma vida a dois que se tornou irresistível para Marina. Ele a ensinou a acampar, a apreciar a natureza, a praticar *Yoga* e a contemplar e absorver a energia positiva que emana das criações de Deus. Os dois namoraram por dois anos e, logo após André abrir seu consultório e se consolidar como dentista, pediu Marina em casamento. Casaram-se em uma cerimônia simples durante uma tarde na praia ao som de um violão e das ondas do mar que abençoaram aquela união. Mais ou menos um ano após o casamento, Marina engravidou, e quando Sofia, nasceu foi a consolidação do amor entre os dois, trazendo mais alegria e harmonizando ainda mais aquela a união. André e Marina se sentiam enormemente gratos pela bela família que formaram.

E assim, oito anos depois da chegada de Sofia, a família Leal iniciava sua manhã naquela bela segunda-feira do mês de fevereiro de 2020, totalmente alheia à uma ameaça invisível que vinha se espalhando do outro lado do planeta.

Mas, durante o telejornal daquela manhã, os repórteres anunciavam que o vírus causador da Covid-19, identificado primeiramente na cidade de Wuhan, na China[1], se espalhava rapidamente pela Europa. André, sem dar atenção ao telejornal, desligou a televisão, apanhou as chaves do carro e abriu a porta para Marina e Sofia.

– Eu mesma levo minha mochila, papai – disse já pegando a alça de sua mochila.

– Toda independente! Está vendo isso, Marina?

– Linda da mamãe – Marina exclamou, elogiando a filha enquanto dava-lhe um beijo no rosto.

Neste clima agradável os três tomaram o elevador e desceram até a garagem do prédio avistando Moisés, um senhor de 50 anos, pele negra, cabelos grisalhos, alto e forte, que era zelador do prédio onde moravam e que abriu um sorriso ao ver a família Leal.

– Bom dia Moisés! Onde está o Felipinho? – Perguntou Marina.

– Felipinho já foi para escola. Esse ano, finalmente, autorizei que ele fosse sozinho de bicicleta.

– Felipe já fez 10 anos, realmente está na hora de dar um pouco de liberdade para ele – opinou André, desarmando o alarme de seu veículo.

– É verdade, André! Eles crescem tão rápido que a nossa cabeça nem acompanha. Se não nos lembrarem de pedir um pouco de liberdade, continuamos achando que são pequenos bebês.

– Nem me fale! Se mais tarde precisarem de auxílio com as lições de casa, é só me chamar, Moisés – ofereceu gentilmente Marina.

---

1 BBC. **Coronavírus: como é Wuhan, a cidade chinesa onde surgiu a epidemia de Coronavírus e que foi isolada.** Disponível em: https://g1.globo.com/ciencia-e-saude/noticia/2020/01/23/coronavirus-como-e-wuhan-a-cidade-chinesa-onde-surgiu-a-epidemia-de-coronavirus-e-que-foi-isolada.ghtml. Acesso em: 19 de janeiro de 2023.

- Obrigado dona Marina, a senhora sabe que eu chamo mesmo - falou Moisés com entusiasmo e aceitando a sugestão de Marina.

- Até logo - disseram ao mesmo tempo Marina e André.

- Tchau, Moisés - acenou Sofia, entrando no carro com sua mochila nova, estampada com um desenho infantil de princesas.

- Até logo, tenham um bom dia - despediu-se Moisés, admirando aquela família que ele tanto gostava.

Moisés trabalhava e morava no Prédio Bouganville, onde era zelador há mais ou menos dez anos. Sua esposa, Márcia, havia falecido precocemente, com apenas 39 anos de idade, vítima de um câncer agressivo que ceifou sua vida rapidamente, quando Felipinho tinha completado apenas 5 anos de idade. Moisés se viu viúvo com o filho e, naquele momento Marina e André se tornaram muito próximos deles, sempre prestando auxílio àquele que sempre estava disposto a ajudá-los também. Como Marina era professora, se ofereceu para auxiliar o menino nas lições de casa e, assim, passaram a ter uma relação muito próxima. Ela passou a convidá-lo para as festinhas de família e amigos, o levava a alguns passeios ao cinema e a praia. Felipe e Sofia se tornaram bons amigos. Felipinho amava Marina como se ela fosse uma segunda mãe, e Sofia, como uma irmã querida.

Moisés suspirou pensando em como estaria Felipe em seu primeiro dia de aula. Tentava fazer o possível para que o filho tivesse acesso à uma boa educação, boa alimentação, esportes e lazer, mas recebia um parco salário, que mal pagava as despesas básicas da casa e alimentação. Entretanto, contava com a amizade da família Leal, que sempre se fazia presente, auxiliando na educação e no acesso à cultura do menino. Moisés sabia o quanto era importante para Felipe esses pequenos momentos de alegria, pois ele ficava muito sozinho, visto que o pai trabalhava praticamente o dia inteiro, aceitando inclusive pequenos serviços após cumprir sua jornada de trabalho, para complementar sua renda. Moisés sempre era chamado para auxiliar os moradores em seus pequenos problemas domésticos e isso não permitia que ele desse toda atenção que queria ao filho órfão de mãe.

Balançou a cabeça como se quisesse se livrar daqueles pensamentos infelizes e fez uma singela oração a sua falecida esposa Márcia. Ele não praticava nenhuma religião em particular, mas tinha fé em Deus e a certeza de que sua esposa se encontrava em um bom lugar com o Criador, pois sempre foi muito generosa, amorosa e gentil.

- Ah minha querida Márcia, que falta você faz em nossas vidas, mas rogo a Deus que te abençoe e te tenha em bom lugar. Eu e Felipe sempre iremos te amar, minha doce Márcia. - Moisés não conseguia enxergar, mas ao fazer esta oração, Márcia imediatamente se fez presente ao seu lado recebendo aquela prece como se fossem suaves pétalas de flores acariciando seu rosto. Tinha a mesma aparência de quando encarnada, a pele negra, doces olhos negros, mas aparentava uma serenidade maior, a de quem havia cumprido sua missão na Terra com louvor.

- Ah meu querido Moisés, sei que parti inesperadamente e te deixei com a difícil missão de cuidar sozinho de nosso pequeno Felipe. Mas, estou orgulhosa e feliz ao ver os laços de amor e carinho que vocês dois desenvolveram após a minha partida, e me sinto muito alegre por você educá-lo tão bem. Felipe será um grande homem, tenho certeza, assim como seu amado pai - Márcia proferiu essas palavras acariciando o rosto de seu querido esposo.

Ele sentiu a paz e a harmonia dominarem sua alma e, assim, Márcia partiu, deixando na atmosfera um singelo aroma de flores que Moisés sentiu imediatamente, o que o fez lembrar do perfume favorito de sua finada esposa.

Apesar de não estudar a respeito da Espiritualidade, ou sobre o que ocorre com o Espírito após o desencarne, ele podia sentir que Márcia estava por ali, viva, mesmo que seus olhos não pudessem enxergá-la. O amor não acaba com a morte do corpo físico, e os que desencarnam, também não deixam de amar e de sentir falta daqueles com quem conviveram em vida. Quando um desencarnado é lembrado com amor e com carinho, ele pode sentir aquela vibração, e sente-se feliz pelas lembranças dos seres amados que o estimam.

* * *

Enquanto isso, a família Leal cuidava de seus afazeres. André deixou Marina e Sofia na escola e buzinou avisando que as buscaria na hora do almoço. Marina lecionava inglês para a Educação Infantil na mesma escola onde a filha estudava.

- Agora vá para sua sala Sofia, preste atenção na aula e obedeça a professora sendo a boa menina de sempre - recomendou Marina.

- Pode deixar mamãe, até logo. - A menina saiu alegremente rumo a seu primeiro dia de aula.

- Bom dia Marina, como foram as férias? - Heloísa, uma colega de trabalho que era professora de português da Educação Infantil, perguntou.

- O mesmo de sempre, fomos para Angra e passamos alguns dias lá curtindo as praias e o verão. Pena que tudo que é bom passa rápido - respondeu Marina, já com saudades das férias na cidade de Angra dos Reis.

- Verdade, as férias passaram voando. Você tem acompanhado as notícias?

- Me desliguei completamente do noticiário durante as minhas férias. Ficar assistindo muita televisão me deixa nervosa.

Ultimamente só se fala em tragédias, doenças e morte, não suporto isso.

– Isso é verdade, mas de qualquer forma, assistindo ou não, as tragédias acontecem, não é mesmo? E tem uma doença terrível que surgiu na China[2] e parece que está se espalhando por outros países. Estou ficando com medo.

– Está vendo? Melhor não assistir essas coisas, só nos deixa assustadas. Que doença é essa? Uma daquelas gripes estranhas?

– Isso mesmo, parece que é uma gripe que mata as pessoas muito rapidamente.

– Nossa, tomara que essa gripe fique por lá mesmo, já basta a bronquite que Sofia apresenta todo inverno. Uma gripe nova eu não iria suportar!

– Verdade, realmente me preocupo muito com as crianças – disse Heloísa, enquanto observava as crianças entrando na escola alegremente e completamente alheias a qualquer ameaça.

– Vamos deixar de lado esse assunto pesado, Heloísa. Vamos para o refeitório tomar nosso café, pois quero que me conte tudo sobre as suas férias – Marina disse enquanto conduzia a amiga até o refeitório.

Assim, as amigas deixaram de lado o assunto que dominava os diálogos entre os adultos naquela manhã de segunda-feira. Enquanto isso, as crianças se abraçavam alegremente, sem imaginar que aquela ameaça invisível estaria em breve no Brasil.

* * *

---

2 BBC. **Coronavírus: como é Wuhan, a cidade chinesa onde surgiu a epidemia de Coronavírus e que foi isolada.** Disponível em: https://g1.globo.com/ciencia-e-saude/noticia/2020/01/23/coronavirus-como-e-wuhan-a-cidade-chinesa-onde-surgiu-a-epidemia-de-coronavirus-e-que-foi-isolada.ghtml. Acesso em: 19 de janeiro de 2023.

André saiu do consultório apressadamente, pois já estava na hora de buscar Marina e Sofia na escola. Estava preocupado, porque soube pelos colegas do consultório a respeito dos rumores sobre o Coronavírus. Sendo da área de saúde, tinha consciência do quão perigoso poderia ser um vírus tão contagioso, mesmo que ele ainda estivesse do outro lado do planeta.

- Que ruga de preocupação é essa no seu rosto, André? - Questionou Marina que conhecia muito bem o marido e logo notava quando algo não ia bem.

- Não é nada, meu amor! Como foi o trabalho hoje? E você, Sofia, conheceu novas colegas?

- Foi tudo bem, papai! Entraram duas colegas novas na minha sala, a Gabriela e a Beatriz, mas ela gosta que a chame de Bia.

- Que bom, minha filha, conhecer novas pessoas é ótimo! E você, Marina, tudo bem?

- Tudo sim, só me atrapalhei um pouco com a nova turma, porque é difícil decorar o nome de todas as crianças novas, mas no fim deu tudo certo, e elas ainda se divertiram com as minhas trapalhadas - disse alegremente Marina.

- Eu imagino a cena. Você é demais, Marina - respondeu rindo e balançando a cabeça, já esquecendo as preocupações do dia.

Os três foram recepcionados pelos latidos da cachorrinha Lili ao chegarem em casa. Marina preparou o arroz e a salada, enquanto André fez uma carne assada que tinha deixado marinando desde o dia anterior. Ele gostava muito de cozinhar, e Marina e Sofia adoravam seus temperos especiais. Sofia pôs a mesa e os três almoçaram juntos. André voltou ao trabalho enquanto Marina preparava o plano de aula do dia seguinte e auxiliava Sofia nas suas tarefas escolares. Mais tarde, Felipe, o filho de Moisés, tocou a campainha pedindo ajuda em suas tarefas também. Marina o auxiliou e depois deixou as duas crianças brincando juntas enquanto executava as tarefas domésticas.

- Felipe, vamos chamar a Vivian para brincar também? Ela já deve ter chegado em casa a essa hora.

- Vamos sim. - Os dois atravessaram alegremente o corredor e tocaram a campainha do apartamento 502, sendo atendidos por Carol, sua vizinha e mãe da coleguinha Vivian.

- Oi, crianças, tudo bem com vocês? - Perguntou Carol sorridente e com uma toalha enrolada na cabeça.

- Sim, tia Carol, e você? - respondeu Felipe abafando o riso ao ver a toalha na cabeça da vizinha.

- Tudo bem também, vocês querem entrar? Você não está rindo de mim e da minha toalha na cabeça, né Felipe? - disse Carol, fazendo cócegas no menino.

- Para com isso, tia Carol - respondeu, desvencilhando-se das cócegas. - Nós só viemos chamar a Vivian para brincar na casa da Sofia com a gente.

- Ah sim, ela está saindo do banho, mas vou chamá-la, espere só um instante - e chamou a filha: - Ei Vivian, seus amigos estão aqui!

- Já vou, mãe! - Vivian veio correndo com os cabelos loiros molhados e perfumados do recente banho.

- Sua mãe está em casa, Sofia? - Perguntou Carol.

- Está sim, tia Carol, você quer ir até lá também?

- Vou até lá sim - respondeu Carol, tirando a toalha e prendendo os longos cabelos loiros no alto da cabeça num coque, exalando o doce aroma de seu xampu.

Carol e Marina eram amigas há alguns anos. Vizinhas de mesmo corredor e com idades próximas, logo encontraram muitos interesses em comum, principalmente na maternidade, e formaram uma rede de apoio. Quando uma precisava, a outra ajudava, e vice-versa. Carol havia se divorciado do marido, com quem manteve um relacionamento conturbado durante cinco anos. Atualmente era mãe solo e seu ex-marido pouco se fazia presente na criação de Vivian.

As duas amigas se cumprimentaram e sentaram para tomar um café enquanto as crianças brincavam.

- Hoje o dia foi puxado. Trabalhei como nunca naquele escritório e, ao chegar em casa, tenho mais um monte de coisas para fazer. - Carol trabalhava num escritório de advocacia, e se desdobrava para dar atenção à filha e ao mesmo tempo executar seu trabalho e todas as tarefas domésticas.

- Nem me fale! E você ainda tem sorte, pois sua mãe consegue te ajudar um pouco com a Vivian.

- Mas a Vivian está um pouco rebelde. Acho que sente falta do pai e acaba descontando sua frustração em mim.

- Coitadinha! Você não acha melhor levá-la em um psicólogo?

- Acho que seria ótimo, mas não tenho tempo de ver isso na correria em que estou. Hoje começaram as aulas, e tudo fica mais complicado. Preciso deixa-la na escola, correr para o escritório, busca-la para almoçar, deixa-la após o almoço com a minha mãe e, ao sair, do escritório corro para busca-la. Chegamos agora em casa e eu estou exausta. E ainda nem fiz o jantar.

- Carol, se precisar que eu fique com ela à tarde, pode contar comigo.

- Obrigada, sei que posso contar com você! Ser mãe solo é muito difícil, às vezes acho que não vou dar conta de tudo.

- Eu imagino. Eu já me atrapalho na maternidade tendo o pai ao meu lado, não posso nem me imaginar sozinha.

- Não exagera, Marina, você é ótima mãe.

- Obrigada! Mas, na verdade, eu sou muito desajeitada. A minha sorte é que André é sempre muito paciente, com ela e comigo. Têm certas coisas que só ele sabe lidar.

- O quê, por exemplo?

- Praticamente tudo. Conselhos sobre os problemas da idade dela e consola-la quando ela se aborrece com algo. Eu fico logo nervosa e não consigo lidar com essas coisas direito - respondeu Marina nervosamente. - Fora minha péssima memória, eu me esqueço das coisas o tempo inteiro.

- Ainda bem que você tem o André. Você teve sorte por achar um cara tão legal como ele. Eu não tive essa sorte.

- Sem ele eu jamais conseguiria. Por isso te admiro tanto, por ser mãe solo, cuidar de tudo sozinha, trabalhar e cuidar da casa. Você é uma supermulher. - Marina realmente admirava muito a Carol, pois não se via sozinha cuidando da filha, trabalhando e lidando com tantas preocupações como a amiga tinha que lidar. Sentia-se muito abençoada por ter um marido dedicado, amoroso e paciente, que a amava e cuidava dela e da família com tanto amor. Marina se sentia muito realizada como mãe e como esposa, mas era muito insegura no dia-a-dia, um pouco atrapalhada na sua profissão e desajeitada nas tarefas do lar, porém seu André sempre a tranquilizava. Quando ela se envergonhava do seu jeito, André sempre dizia que achava um charme ela ser atrapalhada, e que não queria que ela mudasse de jeito nenhum.

Já Carol tinha sido infeliz em seu casamento, pois vivia uma relação tóxica com seu ex marido, Maurício. Por isso, apesar de ser um grande desafio lidar com tantas preocupações sozinha, ela se sentia aliviada por ter se divorciado dele. Durante o casamento, Maurício vivia em baladas regadas a álcool, e traía a ex-esposa com frequência. Ela suportou essas situações complicadas, tais como violência psicológica, física e as traições, porque tinha uma filha pequena e cursava a faculdade de direito e, ainda não tendo uma profissão, não se encontrava em condições de se sustentar e cuidar da filha. Entretanto, dedicou-se arduamente aos estudos com o objetivo de sair daquela situação e assim que se formou fez a prova da OAB, seguida por um concurso público. Foi aprovada no Exame de Ordem e conseguiu um bom emprego, podendo assim se divorciar com segurança, podendo cuidar financeiramente dela e da filha, sem precisar se humilhar em um casamento sem futuro com Maurício. Ele era filho de um rico empresário que tentou fazer o filho seguir a mesma carreira que ele, porém Maurício não dava nenhum valor à família, ao trabalho e nem mesmo aos pais, vivendo uma vida fútil e sem valores morais. Raramente vinha visitar a filha, e quando aparecia, era apenas para trazer mais problemas.

– Sou uma supermulher, mas no momento me sinto apenas uma mulher exausta de coque no cabelo.

– Toma esse café que sua energia vai voltar – disse Marina animando a amiga.

– Boa ideia! Só mesmo um café para levantar meu ânimo hoje.

E assim as amigas continuaram as confidências, enquanto as crianças inventavam um jogo com a cachorrinha Lili. Quem a fizesse buscar a bolinha mais longe seria o campeão, e gargalhavam enquanto o animalzinho também se divertia.

Às 20h00, André chegou do trabalho. Felipinho, Vivian e Carol se despediram e voltaram para suas respectivas residências, enquanto André, Marina e Sofia foram para academia que frequentavam perto de casa.

André e Marina praticavam *Yoga*, e Sofia fazia aula de natação três vezes na semana, às segundas, quartas e sextas-feiras. Sofia estava indo tão bem que participaria de um campeonato no mês seguinte, e estava se dedicando bastante aos treinos. Após a prática dos exercícios, os três retornaram para casa cansados. Sofia tomou um banho e André bateu no quarto da filha para se despedir antes que ela dormisse, como já era de costume.

- Posso entrar, filha? - Perguntou André, abrindo a porta suavemente.

- Pode, papai - respondeu Sofia, alegre com a presença do pai que todas as noites vinha lhe dar um beijo de boa noite.

- E aí, como foi seu dia? Se divertiu muito com seus colegas?

- Sim, papai. Felipe e Vivian passaram a tarde aqui em casa e nós brincamos com a Lili. Sabe pai, às vezes eu fico com pena do Felipe por ele não ter mãe. Percebo que, em certas ocasiões, ele fica triste e pensativo ao observar mamãe cuidando de mim, mas fico envergonhada de conversar sobre isso com ele.

- É verdade, Sofia, não é fácil perder a mãe quando se é criança. Na verdade, a ausência da mãe é difícil em todas as idades, mas na infância realmente é cruel.

- Por que Deus deixa acontecer isso, papai? Ele não poderia impedir que as mães morressem quando seus filhos ainda precisam tanto delas?

André se surpreendia com as perguntas da filha que, mesmo sendo tão jovem, questionava sobre assuntos profundos com a naturalidade que só as crianças apresentam.

- Eu realmente não sei te responder. O seu avô Everaldo entende melhor desses assuntos de religião e Espiritualidade, e talvez consiga te dar uma resposta, minha querida.

O vô Everaldo era o pai de Marinam e como era Espírita, frequentemente abordava assuntos a respeito de Deus, da vida e da morte nas reuniões de família. André dizia que sua religião era a natureza, e não gostava muito de falar sobre morte, Espíritos ou assuntos mais aprofundados nestes temas. Por conta disso, ficou sem saber o que responder à filha quando ela lhe questionou sobre a morte da mãe de Felipe.

- Papai, promete que você e a mamãe não vão morrer até eu estar bem velhinha?

- Eu não posso te prometer isso, porque só Deus sabe do nosso dia e do amanhã. Mas, eu prometo fazer de tudo para estar ao seu lado e te amar acima de tudo enquanto eu viver, combinado assim? - Afirmou André, passando a mão carinhosamente nos cabelos da filha.

- Ah, papai, eu jamais suportaria viver sem você ou sem a mamãe. Eu realmente não sei como o Felipe consegue viver sem a mãezinha dele.

- Sim filha, eu também não sei. Mas uma coisa é fato: Ele tem seu pai Moisés e a nossa amizade. O que precisamos para viver, acima de qualquer coisa, é o amor. O amor pode vir de várias formas, e é o combustível que faz com que o motorzinho da nossa vida continue ligado e funcionando, nos mantendo felizes mesmo em meio às situações difíceis.

- É mesmo, papai? Então precisamos injetar bastante amor no motorzinho do Felipe para que ele fique feliz e continue bem.

- Isso mesmo, Sofia. Precisamos encher a vida dele de amor. Mas, agora chega de conversa, já está na hora de você dormir.

- Está bem, papai, boa noite.

- Boa noite, durma com os anjos, querida -despediu-se da filha, apagando a luz do quarto de paredes amarelas de Sofia.

Ele podia não entender muito sobre Espiritismo, e nem ser estudioso de nenhuma religião, mas a sua sintonia vibratória era tão elevada por conta de seu estilo de vida ligado à natureza, à família e ao respeito ao próximo, que estava sempre rodeado por Espíritos de luz, que o auxiliavam no esclarecimento das perguntas de Sofia, mesmo que ele não notasse. Nesta ocasião, apenas sentiu uma leveza em seu corpo, e as palavras fluíram naturalmente durante a conversa com a filha, tranquilizando-a e transmitindo a ela uma sensação de segurança. Apesar de André não perceber, aquele seria um diálogo que ficaria marcado na vida de Sofia, e que nenhum dos dois esqueceria.

E assim, a família Leal encerrava seu dia, com o coração cheio de alegria e paz, mas, ainda alheios à gravidade da situação que se apresentaria dentro de alguns dias no país, pois o Coronavírus se espalhava com uma velocidade assustadora do outro lado do mundo, ceifando centenas de vidas, dia após dia.

02

CONFRATERNIZAÇÃO ENTRE AMIGOS

Os dias foram passando, a primeira semana de aulas se completou e cada um seguia sua rotina normal no trabalho, esporte e lazer. O fim de semana chegou trazendo com ele mais um aniversário completado por André, que fazia quarenta anos. O dia nasceu belíssimo, o sol brilhava, os pássaros cantavam e anunciavam mais um dia de muito calor naquele verão de 2020. Marina preparou uma confraternização com os amigos próximos e a família no domingo de manhã, reunindo os convidados no terraço do edifício Bouganville para comemorar com André aquela data especial.

A mãe de André, dona Yvone, chegou cedo para auxiliar nos preparativos da festa. Trajava um vestido preto simples e penteou seus cabelos já grisalhos no alto de sua cabeça, de onde pendiam alguns fios que teimavam em escapar de sua presilha.

- Bom dia, meus queridos - cumprimentou dona Yvone, beijando a testa de seu amado filho único.

- Bom dia, mãe! Que bom que a senhora chegou - respondeu alegremente André. - Ontem teve plantão no Hospital?

- Meu plantão foi até meio-dia, portanto, consegui descansar bem para hoje estar aqui com você, meu filho.

- Ah mãe, não precisava se preocupar.

- Não é todo dia que comemoro os quarenta anos de meu único filho, não é mesmo? Aqui, uma lembrancinha para você, André - falou entregando um embrulho ao filho.

- Obrigado, mãe - disse André, desembrulhando o presente que Dona Yvone havia dado. Era um lindo painel Macramê, de cor mostarda, que André logo pendurou na parede da sala. - Que lindo, mamãe, não precisava!

- Fiz este especialmente para decorar a casa de vocês.

- Acertou em cheio, dona Yvone - concordou Marina. - Ficou lindo na sala, e também ficaria, perto das plantas na nossa varanda.

A casa de André e Marina seguia o estilo *boho*, sendo decorada com muitas plantas, objetos artesanais e almofadas coloridas, que traziam sensação de aconchego e paz a todos os que ali chegavam.

- Sim, na varanda vai ficar ótimo! E para minha querida Sofia, eu trouxe uma lembrancinha também - disse, virando-se para a neta. - Achou que me esqueceria de você?

- Obrigada, vovó - disse Sofia abrindo o pacote colorido que revelava um delicado colar dourado com o pingente de um pequeno anjinho. - É lindo, eu adorei - exclamou alegremente, enquanto sua mãe a ajudava a colocar o colar em volta de seu pescoço.

- É para que seu Anjo da guarda te proteja e acompanhe a todo tempo - recomendou dona Yvone.

- Anjos da guarda existem mesmo, vovó?

- Mas é claro, minha querida, pode acreditar.

- Seu avô Everaldo diz que anjos da guarda são Espíritos que nos protegem desde que nascemos até o último dia de nossas vidas, nos livrando dos perigos e nos inspirando a realizar o bem. Eu não entendo muito sobre isso, mas acredito no que papai diz - explicou Marina.

- Não acredito nas bruxas, mas que elas existem, existem, como diz o velho ditado - brincou André.

- André, deixa de ser bobo, vai assustar a menina desse jeito - reclamou dona Yvone.

Dona Yvone era uma senhora de sessenta e cinco anos que havia se tornado viúva há alguns meses, pois, o pai de André desencarnou em decorrência de um problema no coração. Ela trabalhava como enfermeira no Hospital Público de sua cidade e era muito respeitada em sua profissão, mas a cada dia se sentia mais cansada, pois a idade já avançava e, por isso, preparava-se para se aposentar em breve. Após o falecimento do marido, ela não sentia mais a mesma disposição de antes e apesar de lutar diariamente para se manter bem e animada, achava que era chegada a hora de se aposentar para poder se dedicar mais à sua saúde e ao descanso. Além disso, também queria passar mais tempo com seu filho e sua neta Sofia. Frequentemente o filho a convidava para vir morar com eles, e ela vinha cogitando esta possibilidade. Morar sozinha era um pouco complicado, até mesmo porque ela residia em uma casa onde não havia muita segurança para uma senhora da idade dela. A casa tinha ainda um grande quintal, com muitas plantas, e ela não tinha muita disposição para cuidar delas, pois quem gostava e passava horas se dedicando ao jardim, era seu falecido marido, Ary. A senhora sentia muitas saudades de seu marido, e sempre que olhava o quintal já descuidado, ficava triste, porém não sentia ânimo para executar tais tarefas, principalmente porque seu trabalho como enfermeira, a ocupava e demandava toda a sua energia. Ultimamente, não tinha mais paciência nem mesmo para se cuidar, e deixou até de tonalizar seus cabelos como fazia antes, o que fez com que os fios grisalhos exercessem seu domínio. Ela já não se vestia da forma alegre que costumava e agora preferia usar roupas simples e escuras na maior parte dos dias. Não se maquiava ou enfeitava mais, e em poucos meses aparentava ter envelhecido anos. Seu aspecto pálido e entristecido preocupava André, mas ele não comentava com ela, e compreendia que o luto estava sendo difícil para a mãe. Foram muitos de matrimônio interrompidos pelo desencarne repentino de Ary.

– André, depois você me passa o telefone daquele jardineiro que ficou de me indicar. As plantas do quintal estão cada dia mais feias – disse tristemente.

– Eu mesmo ligo e peço para ele passar lá amanhã, pode ser? – Perguntou André.

– Pode sim, obrigada – agradeceu dona Yvone. – Eu já não encontro tempo nem disposição para cuidar do jardim.

– Eu sei, mamãe, mas acho que a senhora deveria mudar para um apartamento, talvez aqui no prédio mesmo, caso não queira morar conosco.

– Estou pensando neste assunto. Assim que minha aposentadoria sair, eu tomo uma decisão. Mas mudando de assunto, vocês viram as notícias sobre o vírus na China[3]? – desconversou dona Yvone.

---

3 BBC. **Coronavírus: como é Wuhan, a cidade chinesa onde surgiu a epidemia de Coronavírus e que foi isolada.** Disponível em: https://g1.globo.com/ciencia-e-saude/noticia/2020/01/23/coronavirus-como-e-wuhan-a-cidade-chinesa-onde-surgiu-a-epidemia-de-coronavirus-e-que-foi-isolada.ghtml. Acesso em: 19 de janeiro de 2023.

- Ouvi falar nisso essa semana. A senhora tem maiores informações sobre essa doença?

- Tenho sim, e o prognóstico não é nada bom. Na realidade é bem assustador - comunicou dona Yvone, assustando a todos, que ficaram impressionados com o que ela dizia. Mas, em meio à conversa, foram interrompidos pelo ruído estridente do interfone que tocava avisando da chegada do pai de Marina, o vô Everaldo.

- É o vovô que chegou, Sofia! - exclamou Marina alegremente.

Sofia amava seu avô Everaldo, e ficou muito alegre com sua chegada, o que gerou ciúmes em dona Yvone.

- Nossa, que alegria em ver esse avô - reclamou a avó.

- Eu também fico alegre quando a senhora chega, vovó - consolou Sofia, beijando e abraçando a senhora carinhosamente.

- Deixa de ser ciumenta, mamãe. Todos nós te amamos e veneramos nessa residência - brincou André unindo-se às duas num abraço triplo. Marina juntou-se a eles dando risada.

- Posso saber o motivo de tantos abraços? - Vô Everaldo interrompeu o quarteto, mas logo em seguida abraçou fortemente os quatro, fazendo com que todos irrompessem em gargalhadas.

- Socorro, vou ficar esmagada aqui - disse Sofia, saindo do meio do abraço da família Leal.

Todos riram da cena e, logo em seguida, subiram até o terraço levando os comes e bebes para a festa de aniversário de André.

- Vovô, você trouxe as velas? - perguntou Sofia.

- Sim, e trouxe também um chocolate para você, mas não deixe que seu pai veja, senão ele vai brigar comigo por te oferecer doces - falou baixinho com a neta, rindo pelo segredo que escondia de todos. Everaldo sempre fazia a alegria da neta, e das crianças em geral, com seu jeito amoroso e sorriso espontâneo. Ele lembrava muito um Papai Noel, com seus cabelos brancos, barba branca, gordinho, sempre simpático e sorridente.

– Pode deixar, vovô – sussurrou Sofia aceitando o chocolate do avô e escondendo no bolso de seu vestido rosa de bolinhas brancas enquanto dava uma risadinha.

Everaldo era um avô muito bom e amoroso, tal como o pai que havia sido com seus filhos, Marina e Thiago, já desencarnado, e com a esposa Beth, que também já havia partido. Beth também havia sido dedicada e zelosa, e quando mais nova, trabalhava como veterinária, e criava os dois filhos com todo amor e carinho. Porém, um trágico atropelamento ceifou a vida de Thiago em frente de casa aos 6 anos de idade, e a mãe nunca mais foi a mesma. Parou de trabalhar, abandonou a profissão que tanto amava e, dali para frente, se entregou à tristeza e a depressão, da qual nunca conseguiu se recuperar. Marina não se lembrava do irmão, pois tinha apenas 4 anos quando ele desencarnou, mas recordava-se de sua mãe estar sempre deitada no sofá ou na cama com os olhos distantes e tristes, enquanto o pai trabalhava sem parar para amenizar a dor e para sustentar a família. A avó de Marina e mãe de Beth, dona Lourdes, veio morar com eles para cuidar da filha e da neta, o que fazia com muito amor. Entretanto, mesmo com tanta dedicação, nada tirava Beth daquela depressão. Após alguns anos, ela desencarnou, e todos diziam que ela morreu de tristeza. Marina cresceu e foi educada por seu pai e sua avó materna. Após o desencarne da esposa, Everaldo se interessou pela Doutrina Espírita, que conheceu por conversas com um colega de trabalho de quem ficou muito próximo, e que o convidou a visitar uma Casa Espírita que havia perto do edifício onde trabalhavam. Everaldo se encantou pelo Espiritismo e passou a ser um frequentador assíduo da Casa, tornando-se logo um dos tarefeiros mais dedicados. Ele apenas lamentava não ter conhecido a Doutrina anteriormente, pois tinha certeza de que se a esposa compreendesse que a morte não era o fim, ela não teria se entregado à tristeza sabendo que um dia reencontraria seu filhinho Thiago. E assim, Everaldo encontrou a consolação que tanto precisava e passou a ser um trabalhador dedicado, exercendo sua missão de pai com amor e se desdobrando em atenções com sua adorada filha Marina.

Quando Marina completou 18 anos, apenas alguns dias após a linda festa que a avó preparou com muito carinho para a neta, dona Lourdes desencarnou, e Marina e Everaldo se viram sozinhos. Com tantas perdas ao longo de sua vida, Marina era cercada de atenção e cuidados por todos que conviviam com ela, pois aparentava ser frágil, e ela não fazia força nenhuma para ser diferente. Quando conheceu André, logo após sua admissão na faculdade de Pedagogia, era assim que era acostumada a ser tratada, e ele não agia de forma diferente. Cercava a esposa de cuidados, amor e atenção, e Marina se sentia amparada e agradecida por ter encontrado um companheiro especial como ele.

Lembrava-se da primeira vez que tinha visto o marido, durante a festa de aniversário de uma amiga da faculdade chamada Letícia. Ela o conhecia da academia onde praticava *Yoga* e meditação, e os apresentou. Na ocasião, André vestia uma calça jeans escura, uma blusa de frio azul clara e um tênis preto. O tempo estava frio naquele junho de 2008. Ele estava com a barba crescendo, e quando os dois cruzaram os olhares, foi como se uma faísca tivesse passado por ali. Marina sentiu medo de se apaixonar e tentou fugir daquele sentimento, mas quando deu por si, já tinha se deixado dominar. A sensação que tinha era que estavam se reencontrando após uma longa viagem. André, por sua vez, não descansou enquanto ela não cedeu à sua aproximação. Marina venceu seu medo de amar com toda a delicadeza e dedicação que o marido a dispensava até hoje. Após tantos anos juntos, ainda sentia o coração disparar ao pensar naqueles olhos castanhos e no seu sorriso, que fazia aparecer duas covinhas ao olhar para sua amada. As covinhas eram as mesmas que a filha carregava em seu rosto.

* * *

Moisés, seu filho Felipinho, Carol e a filha Vivian, já estavam no terraço esperando a família Leal. Cumprimentaram-se alegremente e as crianças, imediatamente, iniciaram suas brincadeiras com alguns balões que enfeitavam o terraço bem decorado por Carol e Moisés, o zelador e amigo da família. Ele havia trazido as mesas e dispôs as cadeiras em volta de cada uma delas, encheu o freezer e agora aguardavam os salgados e petiscos que Marina trazia com a ajuda do marido.

Depois de alguns minutos, alguns parentes e amigos de André chegaram, e a música embalou a festa. As crianças brincavam e riam, enquanto os adultos conversavam, a maioria sentados às mesas. Porém, o assunto que dominava os diálogos, era aquele misterioso vírus.

– Dona Yvone, você disse que ouviu falar que o prognóstico da Covid-19 é assustador. Conte mais sobre esse assunto, pois como você trabalha no Hospital, deve saber como estão as coisas – Marina perguntou à sua sogra.

– Covid-19, o que é isso? – perguntou Carol, sem entender sobre qual assunto elas conversavam.

– Carol, Covid-19 é uma infecção respiratória aguda, causada pelo Coronavírus SARS-CoV-2, potencialmente grave e de elevada transmissibilidade – respondeu dona Yvone, acrescentando: – O SARS-CoV-2 é um Betacoronavírus, descoberto em amostras obtidas de pacientes com pneumonia, na cidade de Wuhan, província de Hubei na China[4], em dezembro do ano passado.

- É verdade que esse vírus veio do morcego? - perguntou Marina.

- Na realidade, os Coronavírus são uma grande família de vírus, comuns em muitas espécies diferentes de animais, incluindo o homem, gado, morcegos dentre outros. Raramente os Coronavírus de animais podem infectar pessoas e depois se espalhar entre seres humanos, mas parece que foi o que aconteceu com o SARS-CoV-2[5].

- Mas como isso aconteceu? - perguntou Carol, com curiosidade.

- Ao que tudo indica, o SARS-CoV-2, vírus causador da doença, passou de animais para pessoas a partir do mercado central de Wuhan, e daí foi se espalhando no final de dezembro de 2019. Após a identificação da cidade de Wuhan como epicentro da crise sanitária, ela teve seus aeroportos e rodovias bloqueadas numa tentativa de conter a disseminação do vírus pelo mundo. Mas já era tarde, pois logo em seguida foi identificada a presença do Coronavírus em países próximos à China, como Japão e Tailândia, entre outros[6].

---

4 BBC. **Coronavírus: como é Wuhan, a cidade chinesa onde surgiu a epidemia de Coronavírus e que foi isolada.** Disponível em: https://g1.globo.com/ciencia-e-saude/noticia/2020/01/23/coronavirus-como-e-wuhan-a-cidade-chinesa-onde-surgiu-a-epidemia-de-coronavirus-e-que-foi-isolada.ghtml. Acesso em: 19 de janeiro de 2023.

5 SECRETARIA DE ESTADO DE SAÚDE DE MINAS GERAIS. **Coronavírus: Perguntas e Respostas.** Disponível em: https://coronavirus.saude.mg.gov.br/perguntaserespostas. Acesso em: 19 de janeiro de 2023.

6 BBC. **Coronavírus: como é Wuhan, a cidade chinesa onde surgiu a epidemia de Coronavírus e que foi isolada.** Disponível em: https://g1.globo.com/ciencia-e-saude/noticia/2020/01/23/coronavirus-como-e-wuhan-a-cidade-chinesa-onde-surgiu-a-epidemia-de-coronavirus-e-que-foi-isolada.ghtml. Acesso em: 19 de janeiro de 2023.

- E não há como conter essa disseminação? - perguntou Carol.

- Não se sabe ao certo! O que sabemos até o momento, é que os episódios de Covid-19 se espalharam, e já foram detectados inclusive na Europa.

- E será que esse vírus pode chegar até o Brasil? - perguntou Moisés.

- Infelizmente é possível sim. Se é que já não está por aqui - previu dona Yvone, fazendo com que todos ao seu redor arregalassem os olhos de preocupação.

- Que caras são essas? - perguntou Felipinho, assustado.

- Nada com que vocês, crianças, devam se preocupar, meu filho - respondeu Moisés, para não assustar o filho.

- Isso mesmo! Venha comigo, vou pegar um salgadinho e um suco para vocês, crianças - chamou Carol, tentando tirar aquelas preocupações de sua mente.

- Eu quero de uva, tia Carol - disse Felipe.

- Um suco de uva geladinho saindo agora para vocês - ofereceu Carol, animada.

Após alguns minutos, Marina chegou trazendo o bolo, e pediu que André fizesse um discurso.

- Boa tarde amigos! Gostaria de agradecer a todos vocês por estarem aqui comigo comemorando meu aniversário. Sou um homem de muita sorte por ter uma família e amigos tão incríveis como vocês, e espero que possamos comemorar essa data por muitos anos. Saúde a todos - exclamou André, erguendo seu copo em sinal de brinde.

- Saúde - todos responderam em uníssono.

Marina, atrapalhada como sempre, deixou seu copo cair bem na hora do brinde, fazendo todos rirem e molhando todo seu vestido vermelho.

- Não liga, Marina, quebrar copo é sinal de boa sorte - gritou vô Everaldo.

- No caso da Marina, ela deve ter sorte por toda a vida, de tanto que deixa as coisas caírem e quebrarem - brincou Carol.

- Meu pai realmente dizia que quebrar copo era um sinal de boa sorte - afirmou Moisés.

- Mas, por que isto é sinal de boa sorte papai? - perguntou Felipe.

- Não sei, talvez seja apenas uma forma de deixar a pessoa que quebrou à vontade, meu filho - respondeu sorrindo e piscando o olho para Marina, que riu envergonhada -, ou uma superstição, acredite no que for te deixar mais satisfeito.

- Verdade, Moisés - concordou vô Everaldo.

- Desculpa, gente - Marina disse, baixando os olhos já com o rosto vermelho como seu vestido.

- Não precisa se desculpar, todos sabemos como você é e eu acho um charme esse seu jeito atrapalhado - disse André, abraçando e dando um beijo na bochecha vermelha da esposa, que logo depois saiu de fininho para trocar a roupa molhada.

- Vou buscar uma vassoura antes que alguém se corte com esses cacos de vidro - saiu apressadamente Moisés.

Ao retornar segurando a vassoura e uma pá, Moisés trazia o semblante preocupado e fez sinal para Carol.

- O que houve, Moisés? - perguntou a mãe de Vivian.

- Carol, o porteiro interfonou dizendo que seu ex-marido está lá embaixo e parece um pouco alterado - disse Moisés, enquanto varria os cacos de vidro do chão.

- Ah não, logo hoje, num dia de festa, e o infeliz do Maurício vem estragar meu domingo?

- Melhor ir logo, antes que ele suba até aqui. Ele disse que veio buscar a filha para passear.

- Ah, mas não vai mesmo. Não combinamos nada para hoje, e Vivian está feliz com os amigos. Deixa que eu resolvo isso, Moisés, obrigada por avisar.

– Por nada, se precisar de ajuda, é só me chamar. Vou ficar perto do interfone para não correr o risco de não escutar.

– Obrigada, Moisés – agradeceu Carol, descendo apressadamente com a testa contraída demonstrando nervosismo.

Ao chegar no térreo, logo percebeu que Maurício estava sob o efeito do álcool.

– Olha! Toda produzida, vai para a balada hoje? – provocou Maurício claramente embriagado.

– O que você está fazendo aqui? Nem pense em pegar a Vivian para passear bêbado deste jeito.

– Bêbado? Eu só tomei duas cervejas assistindo ao jogo no bar. Você não vai me impedir de ver minha filha por conta de duas cervejas!

– Eu não impeço você de ver sua filha, mas você parece se esquecer dela. Já tem mais de um mês que você não aparece – reclamou Carol.

– Ah Carol, você tem sentido minha falta, não é? Vem aqui, vem – chamou Maurício, tentando abraçar Carol.

– Me solta, Maurício! Faz o seguinte, amanhã, quando a ressaca passar, você vem aqui após as dezoito horas, pois ela chega da casa da minha mãe neste horário. Aí você sobe no apartamento e conversamos melhor, pode ser? – disse Carol na tentativa de se livrar do ex-marido, pelo menos por algumas horas.

– Por que você não me leva até o apartamento agora e conversamos a sós? – provocou Maurício puxando-a para perto de si.

– Chega Maurício, vai embora, e outro dia nos falamos – disse Carol desvencilhando-se de Maurício, que cheirava à álcool e lhe causava enorme repulsa. – Hoje você está impossível! – entrou no prédio sob os protestos dele, que a chamava da calçada atraindo a atenção dos transeuntes e deixando Carol corada de vergonha.

– Para de fugir Carol, eu sei do que você gosta – Maurício provocou Carol mais uma vez, atraindo mais a atenção dos pedestres que passavam por ali. - E vocês, estão olhando o que? - reclamou e saiu esbravejando e chutando uma lata que estava caída próximo à entrada do prédio.

O que ninguém ali podia notar, era que Maurício estava rodeado de Espíritos que o obsidiavam, influenciando sua mente para que ele voltasse ao bar e eles pudessem absorver as emanações alcoólicas. Como Maurício passava por uma desarmonia mental e se entregava aos vícios, se tornou uma presa fácil para os Espíritos obsessores, que não encontravam dificuldade alguma em influenciá-lo a beber cada dia mais. Ele não apresentava resistência alguma, muito pelo contrário, sintonizava-se facilmente com os desencarnados, pois tinha os mesmos gostos e tendências que eles.

Os Espíritos que vivem ao redor dos encarnados podem exercer influências boas ou ruins, sempre de acordo com a vibração que o indivíduo emana, ou seja, cada um atrai as companhias condizentes com sua energia. Caso esteja em boa sintonia mental, harmonizado e em paz, atrairá boas companhias espirituais e caso contrário, como acontecia com Maurício naquele momento, atrairá Espíritos que desejam se aproveitar das más tendências do indivíduo por razões diversas. Em alguns casos, esses Espíritos desejam se vingar do encarnado por alguma razão específica, em outros desejam apenas sentir os prazeres que sentiam na carne, como a satisfação dos vícios, por exemplo.

Enquanto Maurício se afastava, cercado de suas más companhias invisíveis, vô Everaldo aguardava Carol na portaria do prédio.

- Carol, você está bem? Está tremendo, coitadinha! Venha comigo, vamos beber um copo d'água - disse puxando-a pelo braço com delicadeza e firmeza até o hall de entrada do edifício, onde havia alguns *puffes* dispostos, e um filtro com copos d'água à disposição. Carol sentou-se esfregando as mãos nervosamente.

- Vô Everaldo, eu fico muito nervosa em ver Maurício neste estado. Achei que ele iria estragar nossa festa.

- Ele já foi embora, fique tranquila, pois você está segura aqui entre amigos. Vamos fazer uma oração comigo?

- Não sei se consigo, estou tão nervosa.

- Beba esta água e você vai se acalmar - disse vô Everaldo, estendendo a mão com um copo de água fresca, mas não sem antes fazer uma prece rogando a Deus que fluidificasse aquela água para que Carol se sentisse melhor. - Carol, vamos conversar um pouquinho com o Senhor. Deus, nosso Pai de infinito amor, poder, justiça e bondade, rogamos a tua paz neste momento. Que a Carolina receba nesta água os fluidos salutares que possam reorganizar sua mente e sua alma, para que ela alcance a serenidade e a calma que necessita para se sentir bem. Assim seja.

- Assim seja, vô Everaldo - Carol bebeu o copo d'água, e pôde sentir seu corpo relaxando e sua mente voltando ao estado de normalidade. - Nossa, já me sinto bem melhor.

- Graças a Deus, minha filha. Agora vamos subir, antes que alguém fique preocupado com você. Vivian deve estar a sua procura.

- Vamos sim. O que você colocou nesta água? Calmante? - perguntou Carol, enquanto chamava o elevador.

- Não Carol, apenas pedi a Deus e à Espiritualidade amiga que fluidificassem esta água - respondeu vô Everaldo.

- Fluidificar? O que é isso?

- A fluidificação da água é um processo onde Espíritos amigos magnetizam a água através de fluidos salutares que beneficiam seu corpo e sua alma.

- Nossa, eu não entendi ao certo, mas sei que me acalmou e me fez um bem indescritível. Muito obrigada, vô Everaldo.

- Agradeça a Deus, minha filha, não a mim. Sou apenas um instrumento do nosso Pai Maior - disse humildemente o senhor.

Chegaram de volta ao terraço, e nem mesmo Vivian deu pela ausência da mãe, pois estava distraída brincando com seus amigos e comendo bolo e brigadeiros. Desta forma, ninguém, além de Moisés e vô Everaldo, ficaram sabendo daquele pequeno incidente.

- Carol, onde você estava? - perguntou Marina. - Eu estava te procurando!

- Desculpe Marina, mais tarde eu te conto o que houve.

- Nem pensar, quero saber agora! Vamos na cozinha buscar a pipoca *gourmet* para distribuirmos, e você aproveita para me contar tudo - disse Marina já com a roupa trocada após o incidente com sua bebida.

As duas amigas foram até a cozinha e Carol contou tudo que havia acontecido para Marina, que disse:

- Mas, nem se divorciando, o Maurício te deixa em paz! Eu acho que ele ainda é louco por você.

- Pois eu não quero mais nada com ele. Ele só me trouxe decepção durante todo o nosso relacionamento. Para te falar a verdade, eu não quero mais me relacionar com ele, nem com homem algum. Ficarei sozinha, apenas eu, minha filha e mais ninguém.

- Você não pode pensar assim, nem todos são como o Maurício. Veja o André, é um marido maravilhoso! Fora isso, sua filha daqui a pouco segue o rumo dela, e você ficará sozinha.

- Antes só que mal acompanhada, viu? Atualmente, quero me dedicar à minha filha e à minha carreira, nem penso mais em me relacionar com alguém.

- Você é mesmo muito independente, já eu, não me vejo sozinha. Dependo do André para tudo! Não sei dirigir, não sei lidar direito com questões financeiras, pagar contas, lidar com burocracias, não consigo nem abrir esse pote sozinha - disse reclamando do pote onde estavam as pipocas entregues pela confeitaria.

– Me dá isso aqui, Marina, deixa de ser atrapalhada – disse Carol rindo de sua amiga e fazendo enorme força para abrir o pote. André entrou na cozinha e se deparou com aquela cena.

– Deixa comigo Carol, me dá esse pote aqui que eu abro.

– Ainda bem que você chegou, porque Marina não conseguiu abrir e eu estava a ponto de estragar minhas unhas com esse pote que não abre de jeito nenhum!

– Não é força, é jeito – disse André abrindo o pote com facilidade.

– Está vendo só Carol? O André é meu super-herói!

– Super abridor de potes você diz, não é meu amor? – corrigiu o marido.

– Pode ser, também – disse Marina se derretendo pelo marido a quem tanto amava e admirava.

Retornaram ao salão de festas e Carol sentou-se próxima de Vô Everaldo.

– Está melhor, minha querida?

– Graças ao senhor, eu estou sim. Depois quero que me explique melhor sobre essa tal água fluidificada.

– Sim, posso te explicar tudo sobre a fluidificação e sobre as coisas que nossos olhos não podem ver.

– A Marina já comentou comigo sobre sua religião. Tenho muito interesse em saber mais, pois vejo como o senhor é equilibrado e bondoso. Queria ser assim também, porém, a cada problema que aparece, eu rapidamente surto, vô Everaldo.

– Ora, mas isso se trata de experiência, não só de religião. Na minha idade, não é qualquer crise que causa abalo. Mas, é claro que o Espiritismo, que é conhecido como o Consolador, me auxilia muito a não perder o equilíbrio emocional.

– Por que o Espiritismo é conhecido como o Consolador? Nunca ouvi falar nisso.

- O Espiritismo é considerado o Consolador Prometido, porque a sua mensagem é destinada a todas as pessoas, e ele é capaz de consolar, auxiliar e esclarecer a todos que passam por aflições, dificuldades ou que buscam esclarecimento espiritual.

- Interessante, me conte mais sobre esta Doutrina.

- O Espiritismo tem como seus princípios a existência de Deus, a imortalidade da alma, a pluralidade das existências, ou seja, a reencarnação, a pluralidade dos mundos habitados e a comunicabilidade dos Espíritos.

- E como surgiu o Espiritismo? Foi no Brasil mesmo?

- Não, o Espiritismo teve origem na França, sendo estudado e desenvolvido por meio de profundos estudos por Hippolyte Léon Denizard Rivail, que mais tarde passaria a utilizar o pseudônimo Allan Kardec. Um dia, Rivail encontrou-se com um amigo de nome Fortier, que lhe descreveu uma série de eventos extraordinários supostamente provocados pela ação de Espíritos. O Sr. Fortier lhe disse: "*Eis aqui uma coisa que é bem mais extraordinária: não somente se faz girar uma mesa, magnetizando-a, mas também se pode fazê-la falar. Interroga-se, e ela responde*[7]". Curioso, e ainda descrente, Rivail começou a frequentar algumas reuniões após encontrar outro amigo de longa data, o Sr. Carlotti, que falou novamente a respeito desses fenômenos. Daí ele começou a levar a sério e a estudar mais a fundo o Espiritismo. Ele era um homem culto, Bacharel em Letras, em Ciências e Doutor em Medicina. Rivail estudou Pedagogia com o célebre professor Pestalozzi, de quem cedo se tornou discípulo e colaborador. Falava, além de francês, alemão, inglês, italiano e espanhol e conhecia também o holandês. Trabalhava como educador lecionando Quí-

7 CASA DA CARIDADE. **Biografia de Allan Kardec.** Disponível em: http://www.casadacaridade.com.br/allankardecbiografia.html. Acesso em: 16 de agosto de 2022.

mica, Matemática, Astronomia, Física, Fisiologia, Retórica, Anatomia Comparada e Francês. Dotado de poderoso senso crítico e espírito investigativo, passou a experimentar e repetir vários dos fenômenos de comunicação com o mundo dos mortos, até que em 1857, ele codificou a obra denominada *O Livro dos Espíritos.*

- Nossa, que interessante, vô Everaldo. Não conhecia essa história - disse Carol entusiasmada.

- Nem todos conhecem a história do Espiritismo, Carol, até porque a Doutrina, ainda nos dias de hoje, sofre muito preconceito.

- Sim, infelizmente é verdade.

- Se você quiser conhecer e aprender mais, está convidada a ir comigo na Casa Espírita que frequento.

- Vamos combinar sim, eu tenho muita curiosidade de ir a uma Casa Espírita.

- Então vamos combinar! Você pode levar a Vivian também, ela vai adorar. Temos aulas de Evangelização infantil que auxiliam muito nesta fase em que ela e Sofia se encontram. Além disso, temos palestras públicas, grupos de estudos, atendimento fraterno e atividades de assistência social na qual todos aqueles que participam do grupo de estudos, podem trabalhar como voluntários.

- Que interessante, não sabia que havia tantas atividades assim. Me diga o dia e a hora das aulas de Evangelização e palestras, e nós iremos. Quem sabe até me aventuro num desses cursos? Porém, confesso que me falta tempo, vô Everaldo.

- Tempo é questão de prioridade. Somos Espíritos imortais e temos toda a eternidade pela frente. Pense desta forma, e certamente você encontrará um espaço na sua agenda para se dedicar à sua evolução espiritual.

Continuaram conversando enquanto a festa prosseguia animada com todos os convidados comendo, bebendo, dançando e se divertindo. O que eles não podiam imaginar, é que aquela cena não se repetiria tão cedo, pois seria a última festa em família antes da pandemia dominar o país. Algumas pessoas dentre as que ali estavam, não conseguiriam sobreviver ao vírus devastador que desembarcaria no Brasil dentro de alguns dias.

03

A CHEGADA DO CORONAVÍRUS NO BRASIL

O telefone da casa de Marina e André tocava sem parar naquela manhã da quarta-feira de cinzas.

– Alô?

– André, meu filho, ligue a televisão agora mesmo – recomendou dona Yvone.

– O que houve, mamãe? – perguntou André.

– Foi confirmado hoje o primeiro caso de Covid-19 no Brasil. Assista ao telejornal e daqui a pouco eu te retorno.

– Está bem, respondeu e gritou: – Marina, mamãe disse para ligarmos a televisão, pois está passando no noticiário a chegada do Coronavírus no Brasil.

Marina ligou a televisão e o repórter anunciava que se tratava de um paciente do sexo masculino, residente na cidade de São Paulo e que havia, recentemente, retornado de uma viagem internacional, necessitando de atendimento médico por sintomas respiratórios que vieram a ser confirmados como infecção pela Covid-19.

- Meu Deus, André, o que devemos fazer? - perguntou Marina, preocupada.

- Calma Marina, eu vou conversar com minha mãe e perguntar a ela se há risco desse vírus chegar aqui no interior do Rio de Janeiro.

- O que houve papai? - perguntou Sofia, que acordou com o som do telefone.

- Não é nada, minha filha. Vá colocar a ração para Lili, por favor? - pediu André, tendo em vista que a cachorrinha não parava de latir solicitando seu desjejum.

- Tudo bem, papai - respondeu Sofia, obedientemente.

Após Sofia ir para cozinha, Marina perguntou novamente a André o que deveriam fazer, porém ele também não sabia o que responder. Nenhum brasileiro naquele momento sabia a gravidade do que estava por vir, mas todos estavam apreensivos com aquela notícia.

André foi até o quarto e ligou para sua mãe de seu telefone celular, pois não queria que Sofia se preocupasse sem necessidade.

- Mamãe, eu estou assustado. O que a senhora recomenda que façamos para nos prevenirmos? - questionou André. - E o trabalho da senhora, como vai ficar?

- André, o que se sabe até o momento, é que vinte casos suspeitos de infecção pelo Coronavírus já estão sendo monitorados pelo Ministério da Saúde em sete estados do país. Portanto, é provável que nos próximos dias tenhamos mais confirmações.

- E temos algum caso suspeito no Estado do Rio de Janeiro?

- Infelizmente sim.

- A senhora acha que devemos nos preocupar?

- Sim, devemos no momento redobrar os cuidados com a higiene. É importante lavar as mãos com água e sabão, cobrir o nariz e a boca com um lenço de papel quando espirrar ou tossir e jogá-lo no lixo. Evite tocar olhos, nariz e boca sem que as mãos estejam limpas. É importante que você oriente Sofia na volta às aulas amanhã.

- Farei isso agora mesmo, mamãe. Se cuide! - recomendou o filho de dona Yvone.

- Pode deixar, meu filho. E vocês também.

O telefone residencial tocou novamente.

- Esta manhã está agitada, o que está acontecendo papai? - perguntou Sofia.

- Deixa sua mãe atender o telefone e vamos conversar, está bem Sofia?

- Está bem - respondeu Sofia ansiosa.

Desta vez era vô Everaldo ao telefone, perguntando se eles haviam acompanhado as últimas notícias, ao que Marina respondeu afirmativamente. Vô Everaldo recomendou que eles fizessem uma oração pelo país, pois a situação poderia ser mais grave do que se supunha até o momento.

Logo em seguida, a campainha tocou, e Carol e Vivian foram convidadas a entrar.

- Marina, estou preocupada, vocês viram as notícias?

- Vimos sim. Venha, vamos sentar à mesa, vou fazer um café para a gente.

Carol, Vivian e Sofia sentaram-se à mesa de jantar, enquanto André auxiliava a esposa a servir o café. Após estarem servidos, André começou a falar:

- Bem crianças, o que aconteceu hoje foi que o Ministério da Saúde confirmou o primeiro caso do Coronavírus o nosso país.

- Meu Deus, papai, nós vamos morrer? - questionou a pequena Sofia com os olhos arregalados.

- Calma Sofia, este vírus é realmente perigoso, no entanto, o que temos a fazer no momento é reforçar as nossas medidas de higiene. Portanto, você e Vivian devem tomar algumas medidas de precaução ao irem para a escola amanhã.

- O que devemos fazer, tio André? - perguntou Vivian.

E assim André orientou as meninas sobre como proceder, conforme dona Yvone havia o informado.

- É só isso, papai? - perguntou Sofia visivelmente mais calma.

- Por enquanto, sim. Podem ficar tranquilas, não é caso de se desesperar.

Assim, ele conseguiu acalmar as meninas, e elas foram brincar na sala após o desjejum. Os adultos conversavam e trocavam impressões sobre a complicada situação.

* * *

No Hospital Municipal da cidade, dona Yvone foi convocada com os outros funcionários para uma reunião interna. O diretor do Hospital iniciou dizendo:

- Desde o mês passado, vocês vêm realizando treinamentos de preparação para este momento crítico, e o estoque de equipamentos de proteção foi reforçado na semana passada. A partir de agora, iremos ampliar a suspeita de Covid-19 para todos os pacientes que derem entrada no Hospital com sinais de infecção respiratória, sem exceção. Além disso, a orientação para todos os médicos de plantão, é que liguem imediatamente para o Serviço de Controle de Infecção, caso observem a necessidade de realização do teste para o novo Coronavírus. A partir de hoje, seguiremos este protocolo. Agora, com o primeiro caso confirmado no país, precisamos nos preparar e ver como será o comportamento de transmissão aqui, pois é um país tropical, e diferente dos países por onde ele já passou. Ainda não sabemos por que o novo Coronavírus tem uma transmissibilidade tão elevada. Sabemos que os vírus normalmente são transmitidos por gotícula, mas não temos ainda a informação se este vírus pode ser transmitido de outra forma, por partículas suspensas no ar, por exemplo, portanto precisamos redobrar os cuidados com a higiene e com a utilização dos EPIs adequados.

O diretor passou mais algumas orientações aos funcionários, e todos saíram da reunião apreensivos, entendendo que o momento era crítico, e que eles certamente estavam expostos ao risco de infecção. Foi necessário reorganizar o espaço e o fluxo de trabalho, e dona Yvone terminou o dia de trabalho exausta, tanto física quanto psicologicamente. Apesar de já trabalhar há tantos anos com a profissão que escolheu e amava, ela nunca havia enfrentado um cenário tão assustador como aquele. Apesar do cansaço, ao deitar na cama não conseguiu relaxar para dormir, pois pensava no que estava acontecendo e imaginava como seriam seus dias dali em diante no seu trabalho. Sabia que não seriam fáceis e a ansiedade já a dominava completamente.

Levantou-se da cama e decidiu fazer um chá de camomila para se acalmar. Foi até o jardim e ficou admirando as plantas que já estavam ficando bonitas novamente, após algumas visitas do jardineiro que André havia indicado. Havia diversas plantas no jardim, entre elas Espadas-de-São-Jorge, suculentas, antúrios, samambaias, pacová, cactos e algumas flores.

Sentiu o suave aroma que o jardim exalava, e observou o céu estrelado daquela noite de lua nova. Pensou em seu falecido marido e em onde ele estaria naquele momento. Será que realmente existia vida após a morte como o vô Everaldo havia comentado com ela? E por que será que Deus permitia que aquela pandemia atingisse tantos países, incluindo o Brasil, que já enfrentava tantos outros problemas? Olhou para o céu, se perguntando o que seria de seu futuro. Coincidentemente, seu celular vibrou avisando que havia uma nova mensagem. Ao buscar o celular que estava no balcão da cozinha, constatou que era uma mensagem de vô Everaldo, que disse estar preocupado com ela diante daquele cenário da pandemia, por conta de sua profissão e a convidou para tomar um café com ele no dia seguinte, caso ela estivesse disponível. Sorriu ao pensar na coincidência e respondeu aceitando o convite. Vô Everaldo era uma pessoa especial, cujos conselhos eram sempre pertinentes. Conseguiu relaxar um pouco pensando em tudo isso e logo em seguida adormeceu, sem saber que vô Everaldo fazia uma prece especialmente por ela e por todos os profissionais da saúde naquele exato momento, o que atraiu para perto dela Espíritos protetores que a envolveram em uma vibração de paz e harmonia, auxiliando-a a ter uma noite de paz e um repouso que reestabeleceria seu equilíbrio mental e espiritual.

No dia seguinte vô Everaldo esperava por dona Yvone em uma cafeteria no Centro da cidade. Pediu um *cappuccino* que vinha com dois pequenos biscoitos de acompanhamento. Enquanto saboreava os biscoitos de baunilha, dona Yvone entrou no café procurando por ele. Logo acenou para ela e puxou uma cadeira para que ela se acomodasse.

– Como vai, Yvone? – cumprimentou vô Everaldo.

– Estou bem, mas um pouco preocupada, Everaldo. A situação é bem crítica, e creio que brevemente não será mais seguro virmos tomar um simples café tal como estamos fazendo agora – disse dona Yvone pragmática.

– Será possível a situação ser tão crítica assim? – questionou vô Everaldo.

– Sim, os prognósticos são desanimadores.

- Ontem à noite, antes de mandar a mensagem para você, tive um pressentimento. A senhora sabe que eu sou muito sensível às vibrações, e senti a urgente necessidade de te escrever.

- Sua mensagem veio em um bom momento, pois eu estava bem ansiosa e não conseguia relaxar para dormir. Algo que fiquei me perguntando ontem, foi por que Deus permite que ocorram estas doenças, que levam a vida de tantos inocentes. Por que esses flagelos terríveis ocorrem com a humanidade?

- Yvone, saiba que tudo o que acontece tem uma razão e um propósito. Nem sempre compreendemos os planos de Deus, mas eles são perfeitos e não devemos temer nada, nem doenças e nem mesmo a morte, pois para tudo há o tempo certo, e as dificuldades pelas quais precisamos passar ocorrem para evoluirmos neste plano. Em *O Livro dos Espíritos*, de Allan Kardec, na questão 740, está exatamente esta pergunta que você me fez e a resposta dos Espíritos é que "*os flagelos são provas que dão ao homem ocasião de exercitar a sua inteligência, de demonstrar sua paciência e resignação ante a vontade de Deus e que lhe oferecem ensejo de manifestar seus sentimentos de abnegação, de desinteresse e de amor ao próximo, se não o domina o egoísmo*[8]" - disse vô Everaldo, citando o livro mencionado. E completou: - Por isso, precisamos compreender que, por mais difícil que seja a provação, ela ocorre por um bem maior.

- Everaldo, quanto mais velhos ficamos, mais nos interessamos por este tema de Espíritos, de vida após a morte e tudo que a envolve, pois sabemos que não escaparemos dela por muito tempo e, inclusive, sentimos que ela vem nos espreitando cada vez mais de perto. É como diz o ditado, se não pode com ela, junte-se a ela - brincou dona Yvone, sentindo um arrepio logo em seguida.

---

8 KARDEC, Allan. **O Livro dos Espíritos,** tradução de Guillon Ribeiro. Editora Letra Espírita: Campos dos Goytacazes/RJ. 2022, p. 274.

– Está certíssima, Yvone – concordou, soltando uma risada alta que fez com que os clientes da cafeteria olhassem para eles, o que acabou descontraindo o assunto mórbido.

Continuaram conversando, e vô Everaldo aconselhou dona Yvone a permanecer forte e corajosa, tendo a certeza de que a Espiritualidade Amiga estaria junto de todos os profissionais da saúde, e que ela jamais estaria desamparada.

Dona Yvone se sentiu muito bem após conversar com vô Everaldo, e aceitou o convite dele para irem juntos a uma palestra na Casa Espírita no domingo seguinte, quando ela estaria de folga, pois o tema da palestra era exatamente a vida após a morte.

* * *

– Ah pai, deixa, por favor! Todos vão à praia hoje, por que eu não posso ir? – implorava Felipe ao pai.

– Felipe, eu não tenho dinheiro para pagar sua passagem, e nem mesmo para que você compre um picolé – respondeu Moisés.

– Mas pai, a tia Marina sempre paga picolé para mim, e posso ir de carona com eles.

– Não quero que você fique pedindo nada para ninguém. Não passamos fome nesta casa, basta que você fique em casa para comer o que tem no armário, e assim não gastará dinheiro. E tem mais, por acaso você não tem tarefa da escola para fazer?

– Já fiz tudo na sexta-feira com a tia Marina. Ela me ajudou – respondeu Felipe cabisbaixo.

– Felipe, você precisa compreender que a família da tia Marina e da tia Carol é de uma classe social diferente da nossa. Você não pode querer frequentar os mesmos lugares que eles, ou ter a mesma vida que a Sofia e a Vivian têm.

– Mas pai, a praia é de graça, por que não posso ir? – perguntou Felipe novamente.

- Vamos fazer o seguinte, você vai fazer um bom lanche em casa e, caso eles venham aqui te chamar, você vai. Mas, nada de ir lá bater na casa deles e se oferecer para pegar carona. E não quero você aceitando picolé ou outras coisas que eles te ofereçam. Você precisa saber o seu lugar, e usufruir apenas do que o dinheiro do seu pai pode pagar.

- Pode deixar, papai, muito obrigado! Te amo, te amo, você é o melhor pai do mundo - disse efusivamente, enquanto abraçava o seu pai e dava pulos de alegria. - Tenho certeza que eles vão passar aqui para me chamar!

- Então venha, vamos fazer um lanche - chamou o filho enquanto preparava um sanduíche de pão com ovos que manteria Felipe alimentado por um bom tempo.

Moisés se preocupava com as amizades do filho, pois ele não tinha condições de oferecer os mesmos programas ou brinquedos que as crianças que moravam no prédio tinham. Eles só moravam ali porque não precisavam pagar o aluguel, mas o salário de Moisés era baixo, e com a partida de Márcia, a situação se complicou, pois, ela trabalhava e auxiliava nas despesas da casa e do menino. Mas, Moisés não desanimava, sempre conseguia alguns serviços extras quando, por exemplo, auxiliava os moradores a consertar um vazamento, a instalar uma antena ou os mais idosos a configurar uma TV a cabo, ou mesmo a mexer no celular ou na impressora. E assim, ele conseguia manter o mínimo necessário para que eles pudessem viver. Porém, precisava alertar o tempo todo que Felipe não poderia ter o mesmo estilo de vida dos outros moradores, por mais que alguns deles fossem generosos, tal qual eram André, Marina e Carol. A campainha tocou, interrompendo os pensamentos de Moisés.

- Olá, dona Marina, pode entrar.

- Como vai, Moisés?

- Vou bem, obrigado, e a senhora?

- Estamos animados para passar o dia na praia hoje. O Felipe está pronto?

- Está sim, porém ele precisa voltar para almoçar em casa.

- Que bobagem Moisés, eu convido o Felipe a almoçar conosco.

- Não Marina, não há necessidade, basta que ele retorne às 13h00, e o almoço estará pronto.

- Já que insiste, voltaremos às 13h00.

- Desde que não atrapalhe vocês, ele pode ir.

- Oi, tia Marina - disse o menino já de sunga e bermuda, pronto para curtir o dia na praia com os amigos.

- Vem cá me dar um beijo - puxou o menino e estalou um beijo em seu rosto. - Vamos, pois, André e Sofia estão nos esperando no carro.

- Tchau, papai!

- Até logo, meu filho. Volte a tempo de almoçar e obedeça a tia Marina.

- Pode deixar!

E assim foram para praia em dois carros, em um Sofia, André, Marina e Felipe e no outro, Carol e Vivian. Enquanto Marina e Carol se acomodavam debaixo do guarda-sol, André foi mergulhar com as crianças.

- Sofia já sabe nadar bem, pois faz aulas de natação há mais de dois anos. Ela até vai participar de uma competição este ano. E você Felipe? Já sabe nadar? - questionou André.

- Sei sim, tio André. Minha mãe gostava de vir a praia quando eu era pequeno, e ela mesma me ensinou - respondeu Felipe cabisbaixo.

- Sua mãe faz muita falta, não é mesmo? Ela era uma mãe incrível e uma pessoa muito boa.

- Sim, tio André, eu tive muita sorte de ter uma mãe como ela. Meu pai sempre diz que não devo ficar triste por ela ter partido, e sim feliz por ter tido ela ao meu lado durante a minha infância.

- Seu pai tem toda razão. E você tem sorte, também, por ter um pai tão especial como Moisés.

- Verdade, tio. Eu não tenho do que reclamar, sei que papai faz tudo por mim, e se não faz mais, é porque não tem condições. Mas, eu o amo muito e não o trocaria por nenhum outro pai do mundo - disse sorrindo.

- Venham logo! Vamos ver quem aguenta mais tempo debaixo d'água? chamou Sofia de dentro do mar.

- Eu aguento mais que você, pode ter certeza - desafiou Felipe.

- Pois eu que vou ganhar de vocês dois - provocou Vivian.

E assim, os três mergulharam brincando na água, enquanto André apenas se refrescou e logo voltou para a areia, acompanhando sua esposa debaixo do guarda-sol. Às 10h00 da manhã, muitos banhistas chegaram na praia, pois fazia um lindo domingo de sol. Ambulantes passavam vendendo picolés, milho-verde, pulseiras, brincos e outras bugigangas. Carol comprou uma tornozeleira artesanal para ela e para Vivian, ambas decoradas com conchinhas.

- E o Maurício, tem aparecido? - perguntou Marina.

- Graças a Deus, não. Depois do aniversário do André, ele sumiu. O pai dele que me ligou para informar que depositou o dinheiro da pensão e mandou um presente para neta. Fico com pena do pai dele, mas não gosto de levar a Vivian na casa dele, porque fico com receio de encontrar o Maurício e me aborrecer.

- A que ponto vocês chegaram. Você não quer nem mesmo cruzar com ele.

- Exatamente. Se eu vir ele passando na rua, eu atravesso, porque não quero nem o ver.

- Como pode uma paixão como a de vocês terminar assim? Me lembro de como você era apaixonada por ele no início do relacionamento.

- O homem pelo qual me apaixonei não existe mais. Maurício se transformou em outra pessoa, o álcool revelou o que há de pior nele, e não acredito que ele um dia possa mudar. Não tem força de vontade para isso.

- Mas ele ainda gosta de você.

- Quem gosta, não faz as coisas que ele fez comigo - disse cabisbaixa. - Ele não foi um bom companheiro e é um péssimo pai.

- É uma pena ele não ter dado valor à linda família que teve.

- Pois é, a maioria das pessoas só dão valor às coisas e às pessoas quando perde, não é mesmo?

- Verdade. Por falar nisso, fico aqui vendo essa praia cheia e pensando, será que aquele vírus já está circulando por aqui?

- Bom, dizem que ele circula mais em ambientes fechados, assim como o vírus da gripe, portanto em um ambiente assim, aberto, creio que ele não deva sobreviver. Estão dizendo ainda que ele não vai resistir ao calor do Brasil.

- Deus te ouça. Quando paro para pensar, chega a me dar um arrepio na espinha.

- Sejamos otimistas, amiga. Vamos tomar uma água de coco para espantar esse assunto pesado. Vou chamar as crianças para beber uma água, pois já estão há horas dentro d'água sem se hidratarem.

Carol chamou as crianças e enquanto Vivian e Sofia aceitaram a água de coco, Felipe a recusou, lembrando que seu pai o orientou a não ficar aceitando nada que lhe oferecessem, pois ele não tinha dinheiro para pagar. Conforme as horas foram passando, ele foi sentindo mais sede, e enquanto as meninas voltaram para a água, ele se abrigou do sol debaixo da sombra de uma árvore, e passou alguns minutos lá sentado observando outras crianças se divertindo com seus pais. Queria que seu pai estivesse ali com ele, porém ele estava sempre ocupado trabalhando, e não se lembrava da última vez que tinham saído juntos. Provavelmente, quando sua mãe ainda era viva. Olhou para o relógio e já passava do meio dia. Estava com fome, cansado, queria ir embora, mas precisava esperar por André e Marina, que namoravam na areia despreocupados com a hora. Começou a sentir uma tontura e, ao tentar levantar para chamar por alguém, caiu desmaiado.

- Insolação com certeza - alguém falou.

- Ou desidratação. Vejam, ele está abrindo os olhos - apontou uma moça.

- Felipe, você está bem? - perguntou Marina.

Abriu os olhos ainda zonzo, e percebeu que estava deitado em um banco. Não se lembrava como tinha parado ali. Reconheceu os olhos verdes de Marina piscando para ele, e sorriu.

- Ah Felipe, que susto você me deu! Ainda bem que acordou.

- Estou bem tia, não sei o que me aconteceu.

- Acho que você não se hidratou o suficiente e brincou muito no sol. André foi buscar as meninas, e nós já vamos embora. Você aguenta caminhar a até o carro? Está logo ali - disse, apontando para o carro branco de André, a uns cinco metros de distância.

- Acho que sim, tia - levantou-se com dificuldade, ainda cambaleando.

Marina deu o braço para ele se apoiar e caminharam até o carro.

- Me perdoe, Felipe, eu sou desastrada e desatenta, não percebi que você não bebeu nada a manhã toda.

- Não é sua culpa tia. Eu que sou um tonto mesmo.

- Parece até que você é meu filho, tonto igualzinho a mim - disse rindo, enquanto apertava o nariz dele carinhosamente.

- Por favor, não conte ao meu pai o que aconteceu, senão ele pode não deixar mais eu sair para a praia com vocês, e eu gosto tanto.

- Vou pensar no seu caso, Felipe.

André e Sofia chegaram preocupados, e todos se acomodaram no carro para voltarem ao prédio. Carol e Vivian também retornaram, pois queriam saber como estava Felipe. Apesar dos protestos, Marina e André contaram a Moisés o ocorrido, e ele ficou muito triste, se sentindo culpado por ter deixado o filho ir à praia sem dinheiro ao menos para comprar um copo d'água.

Após os vizinhos irem para suas casas, mandou Felipe tomar um banho e deixou o almoço dele em cima do fogão. Felipe almoçou sem conversar muito, evidentemente entristecido pelo ocorrido. Temia que seu pai brigasse com ele ou o impedisse de sair novamente com seus amigos.

– Papai, me desculpe por ter desmaiado?

– Ah meu filho, você não precisa se desculpar. Eu sou o errado, pois permiti que você saísse sem dinheiro para a praia.

– Você não vai mais me deixar ir à praia com os meus amigos?

– Felipe, outro dia conversamos melhor sobre isso. Pode ficar tranquilo que não vou te impedir de ver seus amigos, mas certamente esses passeios precisam ser melhor planejados e conduzidos. Por enquanto, apenas se alimente, tome um banho e vá descansar um pouco, pois é disso que você precisa para estar recuperado para ir à escola amanhã.

– Tudo bem, papai. Eu já terminei meu almoço, vou tomar um banho.

– E depois beba bastante água para se hidratar.

– Pode deixar, papai – respondeu obediente.

Após Felipe tomar seu banho e deitar-se para descansar, Moisés foi até seu quarto. Olhou-se no espelho e percebeu que seus cabelos já estavam ficando grisalhos. Sua pele negra já apresentava muitas rugas, ele havia envelhecido rapidamente após a morte de sua esposa. Até sua grossa sobrancelha já apontava fios grisalhos.

– Estou envelhecendo rapidamente, o tempo tem passado tão rápido, enquanto eu só trabalho, mas o que fazer? Gostaria de sair com meu filho, porém preciso pagar as contas da casa sozinho, não tenho como recusar os pequenos trabalhos que me são oferecidos aqui no prédio, pois caso contrário, não conseguirei sustentar a mim e ao Felipe apenas com o salário de zelador – pensava Moisés. – Às vezes, me sinto tão perdido ao lidar com meu filho. Se deixo ele sair sem dinheiro, acontece um desastre desses. Se não sai, fica por aqui perambulando pela casa sem nenhum lazer. Muitas vezes penso que não sei como educar corretamente o Felipe. Ele é um bom menino, mas eu me sinto incapaz de cuidar dele do jeito que eu deveria – sentou-se na cama e olhou pela janela vendo que o sol já se despedia, deixando o céu todo alaranjado. Apesar de seus pensamentos negativos, aproximaram-se dele dois Espíritos de luz que o acompanhavam em sua difícil jornada de pai solo, viúvo, e o envolveram em vibrações de amor e de paz, fazendo com que ele adormecesse suavemente.

Ao se desprender do corpo, Moisés logo reconheceu seus dois Amigos Espirituais, com os quais costumava encontrar-se durante o seu sono e que estavam sempre prontos para auxiliá-lo com conselhos úteis e com sua proteção.

– Moisés, não desanime por conta do que ocorreu. Você tem desempenhado muito bem seu trabalho de pai viúvo, e certamente será bem-sucedido nesta encarnação, de acordo com o seu planejamento reencarnatório – disse Oseas, seu Mentor.

– Sei da minha responsabilidade com Felipe e quero muito cumpri-la com êxito, mas têm alguns dias que são muito difíceis de se suportar na carne. A falta de dinheiro, a falta de lazer, a vontade de dar uma vida digna à Felipe, são situações que me atormentam a alma.

– Você não deve se preocupar tanto com as questões de ordem material. Nada do básico irá lhes faltar, e com a superação desta fase mais complicada, em que Felipe ainda está na infância e não pode colaborar com um trabalho, tudo passará logo. O importante é educá-lo e orientá-lo no caminho do bem, o que você tem feito com louvor.

- Fico muito grato pelas palavras e pela paz que me transmite, Oseas. E você também, Berenice.

- Estamos aqui para te auxiliar o tempo todo, mesmo quando seus olhos de carne não podem enxergar. Márcia também nunca deixa de enviar boas vibrações para você e para o Felipe, e sempre que pode, vem visitá-los. Porém, ela se encontra em outra missão no momento, e não pode estar ao lado de vocês continuamente - explicou Berenice, sua amiga de luz e companheira de Oseas em seu trabalho de Mentoria Espiritual. - O que você precisa lembrar, é que ninguém que está encarnado na Terra, que é um mundo de provas e expiações, está lá apenas para ter momentos de lazer, conforto e diversão. Todos estão encarnados em busca da evolução e aprimoramento moral, e é exatamente por meio das provações encontradas na jornada reencarnatória, que o homem encontra a oportunidade de realizar o esforço necessário para se elevar moralmente.

- Sim, Berenice, sei que preciso me resignar perante às provações da carne, e sou muito grato a Deus pela oportunidade de me redimir por meu passado, principalmente em relação à Felipe - disse Moisés aceitando os conselhos dos amigos.

Continuaram em uma conversação amigável, que trouxe alívio e paz a Moisés. Durante o sono, conforme é informado em *O Livro dos Espíritos*, na questão 403, "*(...) só há o repouso do corpo, visto que o Espírito está constantemente em atividade. Recobra, durante o sono, um pouco da sua liberdade e se corresponde com os que lhe são caros, quer neste mundo, quer em outros*". E na questão 402 é explicado que "*o sono liberta a alma parcialmente do corpo. Quando, o homem se acha por algum tempo no estado em que fica permanente-*

mente depois que morre. Tiveram sonos inteligentes os Espíritos que, desencarnado, logo se desligam da matéria. Esses Espíritos, quando dormem, vão para junto dos seres que lhes são superiores. Com estes, viajam, conversam e se instruem[9]". Portanto, o pai de Felipe era constantemente visitado pelos Amigos Espirituais que haviam se comprometido desde o seu planejamento reencarnatório a o auxiliarem em sua encarnação atual.

Oseas e Berenice convidaram Moisés para uma assembleia onde havia outros Espíritos desdobrados de seu corpo físico pelo sono. Um Espírito elevado faria uma palestra naquele momento, e todos os que ali estavam, receberiam ensinamentos e motivação para continuarem suportando as provações terrenas com coragem, principalmente a grande provação que chegava até o Brasil naquele momento, o tenebroso vírus que ceifaria tantas vidas.

Após o repouso do corpo, e as instruções e ensinamentos recebidos durante a emancipação de sua alma pelo sono, Moisés acordou se sentindo bem melhor. Passou o restante do domingo ao lado do filho, assistiram a um filme infantil que Felipe adorava, comeram pipoca amanteigada, a especialidade de Moisés, e logo se esqueceram do ocorrido naquela manhã. O amor que havia entre pai e filho era capaz de curar qualquer mal-estar entre os dois, e com as emanações positivas que recebiam de Oseas e Berenice, eles puderam ter um final de noite de paz e harmonia em seu reduto doméstico.

9 ALLAN, Kardec. **O Livro dos Espíritos,** tradução de Guillon Ribeiro. Editora Letra Espírita: Campos dos Goytacazes/RJ. 2022, p. 176-178.

04
VISITA À CASA ESPÍRITA

Naquele mesmo domingo, vô Everaldo foi buscar dona Yvone em sua casa às 19h30 para que pudessem assistir juntos à palestra na Casa Espírita onde ele era tarefeiro. A palestra daquela noite tinha como tema a vida após a morte e o palestrante, Alfredo Motta, era bem conhecido na região onde moravam.

Ao adentrarem a Casa Espírita, foram recebidos alegremente na entrada por uma jovem menina sorridente.

– Sejam muito bem-vindos. Trouxe uma amiga hoje, senhor Everaldo? – perguntou a jovem recepcionista da Casa Espírita Amor Fraternal.

– Sim, esta é dona Yvone, sogra da minha filha.

– Muito bem-vinda, dona Yvone, precisando de algo estamos à disposição.

– Obrigada – agradeceu a senhora.

Assinaram o nome na lista de entrada e seguiram para o auditório onde eram realizadas as palestras. Sentaram-se e imediatamente sentiram-se envolvidos em vibrações de paz e harmonia. Tocava uma música suave e, após alguns minutos, o dirigente iniciou a reunião daquela noite:

– Boa noite, meus irmãos. Sejam bem-vindos a esta Casa de amor. Hoje, nossa aluna do Ensino Sistematizado da Doutrina Espírita, o ESDE 1, realizará a leitura de abertura com o livro *Pão Nosso*, de Francisco Cândido Xavier, pelo Espírito Emmanuel – ofereceu o microfone a uma jovem menina, e ela começou:

– Capítulo 138 do livro *Pão Nosso*, cujo título é, vejamos isso, *"porque o Cristo me enviou, não para batizar, mas para evangelizar; não em sabedoria de palavras, para que a cruz do Cristo se não faça vã" (Paulo; I Coríntios, 1:17)*. – E continuou a jovem estudante. – *"Geralmente, quando encarnados, sentimos vaidoso prazer em atrair o maior número de pessoas para o nosso modo de crer. Somos invariavelmente bons pregadores e eminentemente sutis na criação de raciocínios que esmaguem os pontos de vista de quantos nos não possam compreender no imediatismo da luta. No primeiro pequeno triunfo obtido, tornamo-nos operosos na consulta aos livros santos, não para adquirir mais vasta iluminação e, sim, com o objetivo de pesquisar as letras humanas das divinas escrituras, buscando acentuar as afirmativas vulneráveis de nossos opositores. Se católicos romanos, insistimos pela observância de nossos amigos à frequência da missa e dos sacramentos materializados; se adeptos das igrejas reformadas, exigimos o comparecimento geral ao culto externo; e, se espiritistas, buscamos multiplicar as sessões de intercâmbio com o plano invisível. Semelhante esforço não deixa de ser louvável em algumas de suas características, todavia, é imperioso recordar que o aprendiz do Evangelho, quando procura sinceramente compreender o Cristo, sente-se visceralmente renovado na conduta íntima. Quando Jesus penetra o coração de um homem, converte-o em testemunho vivo do bem e manda-o a evangelizar os seus irmãos com a própria vida e, quando um homem alcança Jesus, não se detém, pura e simplesmente, na estação das palavras brilhantes, mas vive de acordo com o Mestre, exemplificando o trabalho e o amor que iluminam a vida, a fim de que a glória da cruz se não faça vã*[10]".

Após a leitura, o dirigente realizou a prece:

- Deus, nosso Pai de infinito amor, poder, justiça e bondade. Criador de toda a natureza e de todos os seres da Terra e do Universo infinito. Agradecemos por estarmos reunidos entre irmãos esta noite, para recebermos o aprendizado que nossa alma necessita, a fim de que nos lembremos do objetivo em nossa presente encarnação, o nosso aprimoramento moral e espiritual. Rogamos, Senhor, que envolva o nosso querido palestrante que veio até aqui voluntariamente realizar o ato de amor de nos trazer um estudo especialmente preparado para nós, em vibrações de paz, harmonia, e que ele seja inspirado pela Espiritualidade Amiga e por seus Mentores a trazer em palavras a Sua mensagem, Senhor. Assim seja, Graças a Deus.

Na sequência, o dirigente apresentou o palestrante Alfredo Motta, um senhor que tinha por volta de 50 anos, com os cabelos grisalhos, usava óculos, se vestia discretamente e tinha um sorriso cativante. Alfredo realizou uma palestra a respeito da vida após a morte sob a luz da Doutrina Espírita. Assim, os ouvintes puderam compreender que a vida verdadeira é a vida do Espírito, que é eterna, e que apenas o corpo perece, enquanto a alma retorna ao seu mundo verdadeiro, o Mundo Espiritual. Alfredo instruiu os presentes de que nada de material se leva da Terra

10 EMMANUEL. **Pão Nosso,** pela psicografia de Francisco Cândido Xavier. Editora FEB: Brasília/DF. 1940.

após a morte, apenas o bem que cada um houver realizado durante sua vida terrena, e os sentimentos que tiverem despertado nos corações amigos.

Yvone gostou muito da palestra, da Casa Espírita, e se sentiu muito confortável naquele ambiente. Apesar de nunca ter se interessado muito por religião, após a morte de seu marido, ela vinha pensando cada vez mais nestas questões. O convite de Everaldo tinha chegada num momento em que ela estava curiosa e aberta ao aprendizado. Por meio do estudo realizado por Alfredo naquela noite, ela compreendeu que a vida não acabava com a morte do corpo, e que certamente ela poderia se reencontrar com seu falecido marido um dia, visto que, de acordo com o que o palestrante explicou, os laços de afeto não terminam com o desencarne. Yvone compreendeu que a morte é apenas a finalização de um ciclo, e que o Espírito continua vivo e mantendo sua individualidade no Mundo Espiritual.

Após cerca de quarenta minutos, a palestra foi encerrada, e o dirigente finalizou a reunião com uma prece, convidando todos que desejassem, a irem a uma sala para receber o passe. Yvone e Everaldo se dirigiram ao local mencionado, receberam o passe e beberam um copo de água fluidificada.

A mãe de André sentiu-se muito bem, com o corpo leve e a mente tranquila, como não sentia há muito tempo. Ficou encantada com aquela experiência nova e disse que adoraria retornar nas próximas semanas, caso Everaldo pudesse buscá-la. Assim, ficou combinado que, aos domingos, ele a buscaria no mesmo horário. Ao final da palestra, Everaldo a convidou para conhecer a vasta biblioteca da Casa Espírita e a presenteou com o livro que todo iniciante na Doutrina deveria ler, *O Livro dos Espíritos*, de Allan Kardec.

No caminho de volta para casa, após aquelas horas tão agradáveis, Yvone confidenciou a Everaldo:

- Que noite agradável, Everaldo. Agradeço muito por ter me convidado, e saiba que quero aprender tudo sobre esta Doutrina Consoladora.

- Fico feliz que tenha gostado, e pode contar comigo para te levar sempre que quiser, Yvone. Ah, e leia o livro, pois nele você encontrará um conteúdo vastíssimo de estudo do Espiritismo. Qualquer dúvida, não hesite em me procurar, e caso esteja se sentindo triste ou sozinha, me ligue para tomarmos um café e conversarmos.

- Agradeço muito pela companhia, Everaldo. Desde que o pai de André se foi, tenho me sentindo bem triste e sem ânimo para executar as tarefas do dia-a-dia. Só penso em me aposentar logo para poder ficar quietinha em casa e não ter mais obrigações.

- Sei que a viuvez não é fácil, pois já passei por isso. Porém, você está viva, saudável, e não precisa deixar de viver a sua vida porque o seu marido se foi. Aqueles que se vão antes de nós, se alegram em nos ver bem. Não pense que se isolar e deixar de trabalhar vá agradar àquele que está do outro lado. Pelo contrário, ver a sua tristeza e a sua dor, deixa aqueles que partiram em sofrimento também. É importante lembrar-se dos nossos amados finados com amor, e preservar na memória os momentos felizes, mas é necessário compreender que cada um tem a sua hora de partir para outras vivências, e nós precisamos deixá-los irem em paz.

- Confesso que não tinha pensado por este lado. Me sinto um pouco deprimida ultimamente, mas vou me esforçar para seguir seu conselho, Everaldo.

- Isso, não se isole! A companhia dos amigos e da família é extremamente importante para nossa saúde mental. Deixe de lado os pensamentos negativos, a solidão, e vamos viver com alegria o tempo que ainda nos resta.

Chegaram na rua onde Yvone morava e se despediram. Ela entrou em casa, tomou o chá de camomila que a ajudava a ter uma noite tranquila, e iniciou a leitura do livro que Everaldo havia lhe dado. A cada página, encantava-se ainda mais com a Doutrina Espírita.

* * *

Nos dias que se seguiram, o Ministério da Saúde passou a confirmar novos casos de contaminação pelo Coronavírus no Brasil. Foi no dia 11 de março de 2020 que a COVID-19 foi caracterizada, pela Organização Mundial da Saúde[11], como uma pandemia, o que indicava que aquela doença infecciosa já era capaz de ameaçar as pessoas de forma simultânea no mundo inteiro.

O clima no Hospital onde dona Yvone trabalhava estava cada dia mais tenso. Todos percebiam que uma calamidade se aproximava, e temiam o cenário desastroso que estava por vir. Dona Yvone estava frequentando assiduamente a Casa Espírita com Everaldo, e isso lhe trazia maior serenidade para lidar com a situação. Apesar de estar preocupada e de temer o porvir, assim como seus colegas de profissão, ela compreendeu, com a Doutrina Espírita, que tudo que acontece tem uma razão de ser. Ela estava estudando O *Livro dos Espíritos*, e também pegou emprestada com Everaldo, a obra *O Evangelho Segundo o Espiritismo*, que a deixava encantada com os ensinamentos de Cristo à luz da Doutrina Espírita.

No domingo seguinte, dona Yvone acordou animada. Escolheu um belo vestido estampado com pequenas flores, que não usava desde que seu marido havia falecido. Penteou cuidado-

---

11 UNA-SUS. **Organização Mundial de Saúde decreta pandemia do novo Coronavírus.** Disponível em: https://www.unasus.gov.br/noticia/organizacao-mundial-de-saude-declara-pandemia-de-coronavirus. Acesso em: 18 de janeiro de 2023.

samente seus cabelos e prendeu alguns fios com uma presilha dourada, que também não usava há algum tempo. Maquiou-se, perfumou-se e escolheu seus sapatos pretos favoritos para usar naquele dia. Não era nenhuma data especial, mas tinha convidado Everaldo, André, Marina e Sofia para almoçarem em sua casa. Aquela sensação de tristeza e desânimo, que tinha tomado conta dela durante nos últimos meses, tinha ido embora. Os olhos do corpo podem não enxergar, mas o hábito da prece que ela tinha desenvolvido nas últimas semanas, havia reorganizado sua esfera astral e atraiu para perto dela, Amigos Espirituais que a auxiliaram a superar o luto e a tristeza. Sentindo-se animada, preparou um almoço especial para a família, com saboroso prato que era sua especialidade, o bacalhau gratinado que André adorava. De sobremesa, fez uma mousse de chocolate que Sofia sempre pedia a ela.

O relógio tocou avisando que já era meio-dia, e os convidados chegaram alegres na casa de dona Yvone.

- Dona Yvone, como seu jardim está lindo! Em pouco tempo o jardineiro recuperou todas as plantas - disse Marina enquanto admirava o jardim.

- Sim, este jardineiro que André me indicou realmente é excelente!

- Sim, o senhor Jorge trabalha na casa de vários amigos meus e todos o recomendam.

- Agradeça a eles a indicação.

- Pode deixar. E como estão as coisas no Hospital, mãe? - questionou André.

- Por enquanto, não chegou nenhum caso suspeito lá no Hospital, mas pelo que dizem, é apenas questão de tempo. Este vírus tem uma alta taxa de transmissibilidade, portanto, ele certamente chegará em nossa cidade, visto que na capital já temos casos confirmados.

- Não seria o caso de fecharem as fronteiras das cidades?

- É complicado fazer isso, não sei o que o governo irá decidir. Por enquanto, as pessoas estão indo e vindo como se nada estivesse acontecendo. Em todo caso, precisamos avaliar como o vírus vai se comportar em um país tropical, até porque estamos no verão. Como esse é um vírus novo, não sabemos se ele manterá o mesmo padrão de comportamento de transmissão que tem no hemisfério norte, onde ainda é inverno.

- Infelizmente, as pessoas só pensam em tomar uma atitude depois que o pior acontece - disse Marina.

- Não sejamos pessimistas, tenhamos fé em Deus que tudo ficará bem - disse animadamente Everaldo, tentando mudar o clima que já começava a ficar tenso.

- Você está certo, papai. Vamos confiar que esse vírus não chegará à nossa cidade - concordou Marina.

- Venham, vamos nos sentar na mesa da varanda, pois já irei servir o almoço. Sofia, venha ajudar a vovó a pôr a mesa.

- Sim, vovó. O que teremos de sobremesa? - perguntou ansiosamente Sofia.

- É surpresa, mas já adianto que você vai adorar!

- Oba!

As duas puseram a mesa e todos se sentaram ao seu redor. Almoçaram, conversaram com animação, e Dona Yvone trouxe a mousse que Sofia tanto esperava. A menina se satisfez com o doce, aceitando os mimos que a avó lhe oferecia. Ao terminar, pediu a avó:

- Vovó, posso brincar com suas joias?

- Sim, pode pegar o porta-joias da vovó, mas não são joias, são apenas bijuterias Sofia.

- Para mim, é a mesma coisa, vovó - Sofia foi até o quarto da avó e pegou uma caixinha cheia de colares, brincos e anéis. Ela adorava se enfeitar com aqueles adornos e ficava dançando com eles na frente do espelho, enquanto sua imaginação voava longe e ela se via em um palácio de uma terra distante, onde era a mais bela mulher de todo o reino.

Sofia conservava algumas lembranças de uma vida passada, e durante suas brincadeiras de criança inocente, sua imaginação a remetia àquele tempo antigo, onde ela vivera realmente em um palácio e cercada de muito luxo. Entretanto, nas profundezas de seu coração, ela guardava um segredo que a fazia sofrer terrivelmente.

Ela era uma mulher belíssima, com longos cabelos negros e ondulados, o corpo esbelto, e costumava adornar-se com joias e vestidos finos que realçavam ainda mais sua intensa beleza. Seus grandes olhos verdes hipnotizavam os homens por onde ela passava, mas por trás deles, havia uma tristeza que poucos conseguiam enxergar.

Apesar de muito jovem, sua vida havia sido marcada por uma tragédia ocorrida por conta dos mecanismos de causa e efeito, algo que ela mesmo havia buscado para si por conta das escolhas feitas. Aquela confusão de sentimentos fazia com que ela jamais pudesse se sentir feliz, mesmo em meio a tanta riqueza, beleza e poder. Sentia muita falta de receber afeto verdadeiro e real, e não acreditava que poderia se sentir amada novamente. Sentia saudades da infância com sua mãe e seu pai, tempo em que mesmo sem poder aquisitivo, eram verdadeiramente felizes e ela se sentia amada.

Sofia criança não se lembrava com exatidão dos acontecimentos vivenciados, mas via-se em meio a uma sala coberta de luxo e criados, e podia sentir como seu coração era sofrido. De repente teve seus devaneios interrompidos pela voz de sua mãe Marina:

– Sofia, querida, venha brincar aqui na sala para ficarmos perto de você.

– Mamãe, você voltou – disse como se não visse Marina há anos.

– Voltei de onde, Sofia? Eu estive aqui o tempo todo, sua maluquinha – brincou Marina fazendo cócegas na barriga da filha.

– Que bom, mamãe, promete nunca me abandonar?

– Eu prometo meu amor, mamãe estará sempre ao seu lado – disse abraçando a filha com carinho. – Agora vamos, todos estão na sala, e o vô Everaldo disse que trouxe uma surpresa para você.

– Adoro surpresas – saiu correndo para a sala, deixando as bijuterias da avó em cima da cama, e Marina, pensativa.

A mãe tentava entender porque a filha, às vezes, parecia divagar, e constantemente pedia que ela e André não a deixassem. Seria influência da televisão ou seria algo a mais?

– Aí está ela, a florzinha do vovô – disse carinhosamente vô Everaldo. – Tenho um presentinho aqui para você.

– O que é, vovô?

– Abra e verá.

– Um livro? Que legal, obrigada vovô! O senhor lê para mim?

– Mas é claro. Este livro é muito especial, ele é um livro que fala sobre Jesus e sobre a Doutrina Espírita. Já está na hora de você começar as aulas de Evangelização na Casa Espírita. Caso seu pai autorize, eu e a vó Yvone iremos lá hoje, e você poderá ir junto. O que acha, André?

– Vô, eu não sou Espírita, e nem sigo religião alguma, mas se o senhor acha importante que Sofia faça as aulinhas de Evangelização, eu não me oponho.

– Que ótimo, André. Eu acho muito importante que ela aprenda alguma religião e assim, cresça vivenciando os exemplos de Jesus. Quando estiver mais velha, ela poderá decidir que religião seguir. Mas, essa base cristã, é essencial para que ela tenha uma juventude saudável e permeada pelo bem. Como diz Amélia Rodrigues "*Evangelização Espírita é Sol nas almas, clareando o mundo inteiro sob as constelações das estrelas dos Céus, que são os Bem-aventurados do Senhor empenhados em Seu nome, pela transformação urgente da Terra, em mundo de regeneração e paz*[12]".

- Sim, eu concordo. Além disso, Sofia me questiona sobre assuntos relacionados à vida e à morte com frequência, e muitas vezes não sei como responder.

- A curiosidade nesta idade é normal e, nas aulas, ela poderá ter uma resposta embasada no cristianismo e na fé raciocinada que o Espiritismo traz, podendo desenvolver um raciocínio lógico que a auxilie a compreender a respeito desses assuntos. Você quer ir na aula de Evangelização hoje, Sofia?

- Como é essa aula, vô? É igual as aulas da escola?

- Sim, têm atividades, música, teatro, pintura, mas todas estas atividades trazem informações e ensinamentos da Doutrina Espírita.

- Quero sim, vovô, eu adoro fazer atividades de artes.

- Então está combinado. Hoje, às 18h00, vamos para a Casa Espírita.

- Tudo bem, vovô! Agora, vamos ler este livro juntos?

- Mas é claro, minha querida - e assim, vô Everaldo leu para Sofia, e ela iniciou seu aprendizado cristão à luz da Doutrina Espírita. - E você, Marina, quer ir conosco na palestra de hoje? Já faz tempo que você não vai comigo assistir a uma palestra.

- Ah não, papai, já que Sofia vai com você, eu vou aproveitar para assistir um filme no cinema com o André. Topa, André?

- Mas é claro, cinema e pipoca é a combinação perfeita para um domingo à noite - disse André, abraçando a esposa.

---

12 RODRIGUES, Amélia. **Mensagem Evangelização, desafio de urgência,** pela psicografia de Francisco Cândido Xavier. Disponível em: https://www.letraespirita.blog.br/single-post/a-import%C3%A2ncia-da-evangeliza%C3%A7%C3%A3o. Acesso em: 16 de agosto de 2022.

– Vou ver o horário da próxima sessão aqui pelo celular mesmo – animou-se Marina, enquanto abria o aplicativo do cinema local. – A próxima sessão é em meia hora, André. É aquele filme que o Felipinho comentou com a gente.

– Então vamos? Vou pegar as chaves.

– Papai, depois você leva Sofia lá para casa? – perguntou Marina.

– Levo sim! Caso vocês não tenham chegado, esperaremos vocês na casa do Moisés – respondeu Everaldo.

– Combinado!

– Tchau, dona Yvone, obrigada pelo almoço.

– Bom cinema para vocês, divirtam-se.

– Obrigado, mamãe – respondeu André, enquanto dava um abraço apertado na mãe. – E se cuida, viu, dona Yvone, se tiver alguma suspeita desse vírus no Hospital, a senhora não vá se arriscar.

– Minha profissão é essa, André, e eu jamais a abandonaria por conta de um vírus. Alguém precisa cuidar dos doentes, e se precisam de mim, estarei na linha de frente desta guerra.

– Minha heroína – exclamou André, dando um beijo estalado na bochecha da mãe, que riu de seu jeito exagerado.

Despediram-se da filha e de Everaldo, e pegaram o carro rumo ao shopping.

– Estou tão feliz por ver minha mãe mais alegre novamente. Desde que papai se foi, eu só via ela com os olhos tristes e desanimada.

– Papai falou que após ela ir à Casa Espírita, ela levantou o ânimo.

– Eu não sou muito ligado nessas coisas, mas se faz bem a ela eu dou o maior apoio.

– Eu também penso assim. Eu já fui algumas vezes com meu pai, mas achei as palestras meio complexas, e confesso que não entendi muita coisa, mas meu pai adora, então dou todo o apoio para ele também - concordou Marina.

- O importante é que eles estejam felizes, e acho que vai fazer bem para Sofia também.

- Concordo com você. Veja, ali tem uma vaga - apontou para o estacionamento do shopping.

- Boa, agora só falta você aprender a dirigir, porque para achar vaga você está ótima.

- Nem pensar, sou muito atrapalhada para essas coisas, André. Isso deixo para você.

- Está bem, aqui estou ao seu dispor, minha rainha, e te levarei em sua carruagem para onde você quiser - brincou André, enquanto Marina ria.

- Me sinto uma adolescente saindo sozinha com você, sabia?

- Verdade, eu também me sinto como no início do namoro. Vem aqui - puxou a esposa e beijou-a amorosamente.

- Te amo tanto, meu amor.

- E eu te amo mais ainda - declarou-se André.

- Que sorte a nossa - brincou Marina, enquanto saíam do carro rumo ao cinema.

Dentro do shopping, apesar de invisível, o vírus já circulava no ambiente fechado e aglomerado. Após alguns dias, viria a confirmação dos primeiros casos na cidade, pois um morador da capital do Rio de Janeiro, que havia feito uma viagem internacional, não apresentava quaisquer sintomas e foi com sua família até o mesmo shopping, sem saber-se infectado. Enquanto isso, Marina e André passeavam pela praça de alimentação, mas resolveram não parar para comer, pois faltava apenas quinze minutos para o início do filme escolhido por eles.

- Vamos subir direto para o cinema, lá podemos comprar uma pipoca e um suco - sugeriu Marina.

– Melhor mesmo, Marina. Se comermos aqui na praça de alimentação, perderemos o início do filme – concordou André.

Assim, por intermédio de uma intuição que sentiram naquele momento, foram direto para o cinema e, assim, escaparam da iminente contaminação pelo Coronavírus. Outras pessoas que permaneceram naquele ambiente fechado, aglomerado e mal ventilado, foram contaminadas. Dessa forma, o vírus começou a se proliferar naquela mesma noite na pequena cidade do interior do Rio de Janeiro.

05

NOVA ROTINA

No dia seguinte, André e Marina acordaram com o toque do despertador:

- Mais uma segunda-feira! Que preguiça estou hoje, André - disse Marina, se espreguiçando. - Não quero ir trabalhar. Vamos passar o dia na cama?

- Ah, quem me dera meu amor. Tenho um paciente agendado para às 08h00 de hoje, não posso nem pensar em me atrasar - disse enquanto abria as brancas cortinas do quarto. - Para melhorar seu ânimo, está caindo uma chuva convidativa a passar o dia todo na cama!

- Está vendo? Volte para a cama!

André pulou na cama abraçando a esposa:

- Quem resiste a este convite? Seu abraço tem cheiro de lar, meu amor - beijou amorosamente a esposa. - Como eu queria passar o dia inteiro abraçado com você nesta cama.

O abraço foi interrompido pelos latidos de Lili, que já estava na porta do quarto do casal, aguardando ansiosamente por carinhos e ração.

- Vamos André, o dever nos chama - brincou Marina, enquanto levantava e já começava a arrumar a cama.

- Bom dia, papai - cumprimentou Sofia.

- Já acordou, Sofia? Que milagre é esse de não precisarmos te chamar? - disse o pai surpreso.

- Acordei com os latidos de Lili. Vem cá, garota - Sofia chamou a adorada *Basset* para brincar, e Lili abanava seu rabo alegremente com a atenção da família. - Além disso, tive alguns pesadelos, papai.

- Aqueles sonhos novamente, Sofia?

- Sim papai, sonho que vivo em um lugar muito bonito, cercado de muita riqueza, porém meu coração sofre terrivelmente, e sinto como se todos me abandonassem. É terrível, papai - Sofia abraçou o pai, como se ele fosse fugir.

- Calma Sofia, está tudo bem. Eu e mamãe estamos aqui para te proteger, e nunca te abandonaremos.

- Eu sei papai, mas sinto uma angústia tão grande no peito quando tenho esse sonho. Não sei porque isso acontece comigo.

- É apenas sonho querida, não significa nada. Não fique impressionada com isso. Vamos tomar nosso café da manhã, venha.

Marina ligou a televisão da sala e o único assunto do qual se falava era da Covid-19. O jornal local afirmava que, naquela madrugada havia dado entrada no Hospital Municipal da cidade, um paciente com suspeita de contaminação pelo vírus. André assista às notícias pensando no perigo que sua mãe estava correndo ao ir trabalhar, mas como ela mesma tinha dito na noite anterior, estava preparada para aceitar os riscos que sua profissão lhe impunha. Achou melhor não perturba-la, apesar da preocupação que tomou conta de seu coração naquele momento, e que seguiu consigo durante seu dia. Levou Marina e Sofia para a escola e foi para seu consultório.

Prestou o primeiro atendimento do dia e logo em seguida teve uma reunião com a equipe de profissionais que trabalhava no consultório, onde recebeu, juntamente com seus colegas, as informações a respeito das medidas e boas práticas que teriam que adotar a partir daquela semana no consultório. Seria necessário redobrar os cuidados para evitar a contaminação, incorporando na rotina no trabalho o uso de paramentação adequada e adaptando-se ao desconforto da máscara N95/PFF2 e do protetor facial. Não bastasse, também foi recomendado que ao chegarem em casa, deixassem os sapatos e roupas em local separado para higienização.

Dona Yvone, no Hospital, recebeu as mesmas recomendações que André em seu consultório. Todos estavam tensos devido ao primeiro caso suspeito internado no Hospital. Era um homem de 67 anos de idade, que apresentava sintomas como tosse, febre, dor de garganta e coriza, e após o primeiro atendimento foi solicitada a realização do teste. O resultado somente sairia após três dias, e a orientação recebida foi que, até lá, ele permanecesse em isolamento em sua residência.

Na pequena televisão da parede do refeitório, via-se que na Itália, caminhões do exército haviam sido recrutados para recolher os caixões dos mortos pela Covid-19 e levá-los até os cemitérios e crematórios de cidades próximas[13]. O clima no Hospital se

13 REUTERS. **Exército da Itália retira corpos de cidade sobrecarregada pelo Coronavírus.** Disponível em: https://g1.globo.com/mundo/noticia/2020/03/19/exercito-da-italia-retira-corpos-de-cidade-sobrecarregada-pelo-coronavirus.ghtml. Acesso em: 19 de janeiro de 2023.

tornava cada vez mais preocupante, e nas paredes foram afixados cartazes com as seguintes recomendações:

MEDIDAS DE PREVENÇÃO:

- Proteger nariz e boca ao espirrar ou tossir.
- Não compartilhar objetos de uso pessoal como talheres e copos.
- Lavar frequentemente as mãos, especialmente após espirrar ou tossir.
- Evitar ambientes com muita aglomeração.
- Utilizar álcool em gel nas mãos.

O QUE FAZER EM CASO DE SUSPEITA:

- Se estiver com febre ou sintomas respiratórios e tiver vindo de países com casos de Coronavírus:
- Cubra o rosto com máscara cirúrgica.
- Vá à Unidade Básica de Saúde, Hospital de Emergência ou à UPA mais próxima.
- Siga as orientações dos profissionais de saúde.
- Siga as medidas de segurança: Lave as mãos frequentemente, cubra o rosto ao tossir e espirrar, não compartilhe objetos de uso pessoal, evite locais de grande aglomeração e utilize álcool em gel para as mãos.

Durante aquela tarde, surgiram mais três pacientes com sintomas semelhantes ao caso suspeito, e todos foram submetidos aos testes. Nenhum deles havia viajado para o exterior recentemente. A diretoria do Hospital determinou que apenas prestariam atendimento a suspeitos de contaminação pela Covid-19, os profissionais que não se enquadrassem como grupo de risco, definindo que os trabalhadores idosos e com doenças crônicas fossem afastados ou realocados para outros setores da instituição. Como dona Yvone era idosa, ela não teria contato com os pacientes suspeitos, e foi realocada para os outros atendimentos.

Isso deixou-a insatisfeita. Apesar de ser idosa, sentia-se plenamente capaz de prestar atendimentos aos pacientes com suspeita de contaminação, e não achava justo que os mais jovens, que tinham toda uma vida pela frente, arriscassem suas vidas e ela não. Sentou-se próxima à janela do segundo andar e ficou observando a chuva fina que caía do lado de fora do Hospital, e o ir e vir dos profissionais, pacientes e acompanhantes que entravam e saíam apressadamente do prédio tentando não se molhar. Lembrou-se dos estudos que vinha realizando na Casa Espírita, e fez uma prece pedindo a Deus que ela pudesse ser útil de alguma forma durante aquela situação caótica. Espíritos Amigos imediatamente se fizeram presentes, e auxiliaram dona Yvone a acalmar seu coração inquieto.

Foi então que ela se lembrou da leitura da obra *O Evangelho Segundo o Espiritismo* que estava estudando. De acordo com o Capítulo XXVII - Pedi e obtereis, "*A prece é uma invocação. Através dela, entra-se em contato, por pensamento, com o ser ao qual se dirige. Ela pode ter por objeto um pedido, um agradecimento ou uma glorificação. Pode-se orar por si mesmo ou por outro, pelos vivos ou pelos mortos. As preces dirigidas a Deus são ouvidas pelos Espíritos encarregados da execução de suas vontades; as que são dirigidas aos bons Espíritos são reportadas a Deus. Quando se ora a outros seres que não a Deus, aqueles funcionam apenas como intermediários, intercessores, pois nada pode ser feito sem a vontade de Deus. O Espiritismo torna compreensível a ação da prece, explicando o modo de transmissão do pensamento – vindo o ser rogado ao nosso apelo, ou indo nosso pensamento até ele. Para se ter ideia do que se passa em tal circunstância, é preciso imaginar todos os seres, encarnados e desencarnados, mergulhados no fluido universal que ocupa o espaço, assim como, aqui, estamos mergulhados na atmosfera. Esse fluido recebe um impulso da vontade – é o veículo do pensamento, como o ar é veículo do som. Com a diferença de que as vibrações do ar são circunscritas, enquanto as do fluido universal estendem-se infinitamente. Portanto, quando o pensamento é dirigido a um ser qualquer, na Terra ou no espaço, de encarnado a desencarnado, ou de desencarnado a encarnado, uma corrente fluídica estabelece-se de um a outro, transmitindo o pensamento, como o ar transmite o som. A energia da corrente está em razão da energia do pensamento e da vontade. Assim, a prece é ouvida pelos Espíritos, em qualquer ligar que se encontrem; assim, os Espíritos comunicam-se entre si, transmitem-nos suas inspirações, e assim se estabelecem relações à distância entre encarnados*[14]".

Em seguida, Carmen, uma amiga e companheira de trabalho, chamou-a pelo nome, interrompendo seus pensamentos, para comunicar que haveria um treinamento para todos os profissionais e que ela estava sendo requisitada pelo seu superior. Durante aquele dia, o Hospital disponibilizou uma área exclusiva para o atendimento de pacientes com sintomas gripais, e uma equipe foi treinada para a prestação de assistência a eles. Todos os funcionários do Hospital receberiam, ao longo daquela semana, treinamentos e simulações para lidar com os novos procedimentos a serem seguidos, capacitações para o reconhecimento dos perigos e aquisição de comportamento seguro, além de aulas de prevenção da transmissão de agentes infecciosos e um treinamento para o uso correto e seguro dos EPIs (Equipamentos de Proteção Individual). Apesar de toda a preocupação da diretoria e dos treinamentos e cursos recebidos, todos os profissionais se mostraram inseguros e temerosos com o desafio de lidar com aquela doença perigosa e imprevisível.

* * *

14 KARDEC, Allan. **O Evangelho Segundo o Espiritismo,** tradução de Matheus R. Camargo. Editora EME: Capivari/SP. 2019, p. 246.

Na escola onde Marina trabalhava e Sofia estudava, o dia também estava agitado. A diretoria orientou que fosse realizada uma ação de conscientização na escola, onde os alunos receberiam as informações disponíveis até aquele momento a respeito do vírus e orientações acerca dos cuidados necessários para evitar a contaminação. As crianças se mostraram agitadas e ansiosas com toda aquela informação.

Todas foram convidadas a fazer um círculo no pátio da escola, e as professoras se posicionaram no meio para que pudessem iniciar o diálogo. A professora Heloísa informou as crianças que havia surgido um novo tipo de vírus na China[15], e questionou o que os alunos sabiam a respeito dele. Alguns alunos levantaram a mão e a professora pediu que um menino da turma de Sofia dissesse o que estava pensando. Ele respondeu:

- Este vírus veio de um morcego chinês, tia - disse o menino de cabelos encaracolados.

- Morcego chinês? É verdade isso, tia Heloísa? - perguntou uma colega de outra turma.

- O Coronavírus pertence a uma grande família de vírus comum em diferentes espécies de animais, incluindo camelos, gado, gatos e morcegos. O novo Coronavírus foi identificado como a causa de um surto de doença respiratória detectado pela primeira vez na cidade de Wuhan, na China[16]. No início, muitos dos pa-

15 BBC. **Coronavírus: como é Wuhan, a cidade chinesa onde surgiu a epidemia de Coronavírus e que foi isolada.** Disponível em: https://g1.globo.com/ciencia-e-saude/noticia/2020/01/23/coronavirus-como-e-wuhan-a-cidade-chinesa-onde-surgiu-a-epidemia-de-coronavirus-e-que-foi-isolada.ghtml. Acesso em: 19 de janeiro de 2023.

16 BBC. **Coronavírus: como é Wuhan, a cidade chinesa onde surgiu a epidemia de Coronavírus e que foi isolada.** Disponível em: https://g1.globo.com/ciencia-e-saude/noticia/2020/01/23/coronavirus-como-e-wuhan-a-cidade-chinesa-onde-surgiu-a-epidemia-de-coronavirus-e-que-foi-isolada.ghtml. Acesso em: 19 de janeiro de 2023.

cientes do surto na China, teriam algum vínculo com um grande mercado de frutos do mar e animais e, por isso, sugerindo a disseminação de animais para pessoas. Entretanto, logo depois as pessoas começaram a ser contaminadas através do contato com outras pessoas infectadas pelo vírus[17] - esclareceu a professora.

- O que é vírus, tia? - perguntou uma menina de cabelos encaracolados.

- Vírus são pequenos seres que, para poderem se multiplicar, precisam obrigatoriamente conseguir entrar dentro das células do nosso corpinho. O Coronavírus é envolvido por uma camada de gordura, que os cientistas chamam de envelope. No caso dos vírus envelopados, ou seja, que têm essa camada de gordura, a forma mais eficiente de desinfecção é a limpeza com água e sabão, álcool 70% ou hipoclorito de sódio, que são produtos que conseguem destruir esse envelope e 'matar' os vírus. Por isso, devemos higienizar nossas mãos com frequência, com água e sabão ou álcool 70%.

- Mas como esse vírus entra no nosso corpo? Eu não entendi, tia - questionou um aluno ruivo do 3º ano.

- Conforme as informações atualmente disponíveis, sugere-se que a via de transmissão pessoa a pessoa do novo Coronavírus ocorre por meio de gotículas respiratórias que são expelidas durante a fala, tosse ou espirro e também pelo contato direto com pessoas infectadas ou, indireto, por meio das mãos, objetos ou superfícies contaminadas. Por isso, ao tossir ou espirrar, é importante que cubram a boca e o nariz para que possam evitar esta propagação.

Gisele, a professora de matemática comentou:

---

17 AGÊNCIA NACIONAL DE VIGILÂNCIA SANITÁRIA. **Nota Técnica GVIMS/GGTES/ANVISA Nº04/2020.** Disponível em: https://www.saude.ms.gov.br/wp-content/uploads/2020/03/Nota-t%C3%A9cnica-Anvisa-21032020.pdf. Acesso em: 19 de janeiro de 2023, p. 04.

- A melhor maneira de prevenir essa doença, é adotando as ações para impedir a propagação do vírus!

- Mas tia, como esse vírus estava do outro lado do mundo e conseguiu chegar até aqui? Ele veio voando? - perguntou Otávio, um pequeno menino de olhos amendoados do 1º ano.

Todas as crianças riram daquela pergunta e uma menina do 2º ano imitou um pássaro dizendo:

- Eu sou o vírus e vou te pegar - gritou ela, causando um pequeno tumulto entre as crianças menores.

- Ei, ei, ei! Todos sentados - a coordenadora Fátima pediu, e as crianças sentaram-se novamente. Em seguida ela explicou: - Respondendo à pergunta do Otávio, a transmissão da Covid-19 pode ocorrer de uma pessoa para outra por meio de gotículas respiratórias eliminadas ao tossir ou espirrar e, desta forma, o vírus se propaga com muita rapidez. Como as pessoas ainda não sabiam, logo de início, do poder de propagação do vírus, continuaram se infectando, viajando de um país para o outro e, desta forma, foram carregando este vírus em seu organismo sem perceber, até porque muitos são portadores do vírus, mas não apresentam nenhum sintoma.

- Tia Fátima, quem deu este nome de Coronavírus a esse vírus? Que nome engraçado - disse rindo Gabriela, uma colega de sala de Sofia.

- Os pesquisadores dizem que o Coronavírus recebeu esse nome por se assemelhar à uma coroa quando visto em microscopia eletrônica, Gabriela. - respondeu a coordenadora.

- Tia, se pegarmos este vírus nós vamos morrer? - perguntou Sofia, temerosa, enquanto um trovão ecoou no céu chuvoso naquele exato momento, causando um estremecimento em todos os presentes.

- Não necessariamente. Esta doença não tem cura ainda, porém estima-se que apenas 20% dos casos de COVID-19 necessitem de internação devido à dificuldade respiratória e desses, apenas 5% necessitam de suporte respiratório. Os casos mais graves ocorrem, geralmente, em indivíduos idosos e nas pessoas que apresentam problemas como pressão alta, doenças cardíacas e diabetes. Outros apresentam apenas sintomas leves, e alguns são assintomáticos, ou seja, carregam o vírus em seu organismo, mas não sentem absolutamente nada. Por isso, não devemos entrar em pânico, mas sim nos precaver, adotando as medidas de higiene e prevenção necessárias - explicou Heloísa. - Vocês verão, a partir de hoje, cartazes afixados na escola com maiores orientações a respeito destas medidas. É importante que todos higienizem as mãos ao chegarem na escola, antes de comer e ao chegarem em casa. Cubram a boca e nariz ao tossir e espirrar e, no caso de algum sintoma, procurem imediatamente o atendimento médico.

Encerraram a sessão de perguntas e respostas com as crianças, e as orientaram a respeito da forma correta de higienizarem as mãos. Como a coordenadora informou, foram afixados cartazes na escola com orientações e imagens coloridas, chamando a atenção das crianças para as medidas protetivas, e foram espalhados tubos de álcool 70% por toda a escola.

Ao meio-dia, o sinal tocou estridente indicando que o horário de saída havia chegado. Marina olhou o celular, e André havia enviado uma mensagem dizendo que não a buscaria, pois, os atendimentos no consultório haviam atrasado, devido a uma reunião mais cedo. Disse para ela pegar um carro de aplicativo e ir para casa com a filha.

Marina ficou irritada. Depender do marido para tudo, às vezes era mesmo chato. Queria saber dirigir e ser independente como sua amiga Carol. Mas, fazer o que se ela era desastrada e distraída? Até para pegar um carro de aplicativo ela conseguia se atrapalhar. E acabou ficando na mão, justo naquele dia chuvoso.

– Que cara é essa Marina? Aconteceu alguma coisa? – perguntou sua amiga Heloísa.

– O André avisou que não vai poder me buscar hoje – respondeu Marina, contrariada.

– Posso te dar uma carona, onde está Sofia?

– Está vindo. Eu vou aceitar a carona, porque André disse para eu pegar um carro de aplicativo, mas não sei usar esses aplicativos direito.

– Aposto que Sofia sabe usar. As crianças são bem espertas com uso de celular – comentou a amiga.

– Com certeza ela deve ser mais esperta que eu nesse ponto. E em vários outros – disse já descontraída pelo alívio de conseguir a carona.

– O que houve, mamãe? – perguntou Sofia.

– Nada, minha querida! Nós vamos de carona com tia Helô, porque o papai se atrasou no trabalho, só isso. Vamos, pegue sua mochila e abra o guarda-chuva.

Entraram no carro e Heloísa as deixou no edifício Bouganville.

– Boa tarde, Moisés – disse Marina ao avistar o zelador e amigo.

– Boa tarde! Como foram as aulas hoje?

– Um pouco diferente, Moisés. Tivemos uma super aula a respeito deste tal de Coronavírus, que durou quase a manhã toda – disse, enquanto tentava secar um pouco o guarda-chuva e os sapatos molhados.

– Se Deus quiser, esse vírus não vai chegar aqui na cidade – respondeu o zelador confiante.

– Deus te ouça, Moisés, e que os anjos digam amém – disse Marina chamando o elevador.

Chegaram ao apartamento e foram recebidas com alegria por Lili, que ansiava pelos carinhos de sua família. Marina foi para a cozinha preparar o almoço, porém, quase uma hora depois, só havia conseguido queimar uma panela de arroz e lutava para fatiar um frango que estava congelado feito pedra.

- Mamãe, tudo bem aí? - questionou Sofia, vendo que a mãe ficava mais irritada a cada minuto.

- Não Sofia, tudo péssimo. Você consegue pedir um *Yakissoba* pelo aplicativo? Não consegui preparar o almoço, e até agora só sujei a cozinha a troco de nada!

- Eu peço mamãe, me empresta seu celular e seu cartão do banco.

Marina foi até o quarto e entregou o celular para que a filha pedisse o almoço em um restaurante. Sem André em casa ela se sentia mais insegura que o normal, e acabava se atrapalhando ao executar as menores tarefas.

Em poucos minutos, o entregador chegou e Sofia ficou orgulhosa de ter salvado o dia e o almoço.

À noite, André chegou em casa bem cansado do dia de trabalho e treinamento no consultório. Conversando com Marina, acharam melhor não ir ao clube para fazer as atividades físicas, devido ao risco de contaminação que haveria na academia. Sofia ficou chateada, pois adorava suas aulas de natação, estava prestes a competir em um campeonato local e não queria perder nenhum dia de treinamento. Foi para o quarto irritada com o exagero dos pais em relação ao vírus. Fechou a porta e não queria falar com ninguém, mas após alguns minutos, André bateu na porta de seu quarto amarelo.

- Filha, está dormindo?

Ela não respondeu, apesar de ainda estar acordada. André achou melhor não insistir e ela logo pegou no sono, apesar das lágrimas que saíam abundantes de seus olhos e molhavam todo o travesseiro.

André foi para o quarto e disse à esposa:

- Com apenas oito anos está assim, imagina quando a adolescência chegar?

- Coitadinha, estava tão animada com o campeonato. Mas, logo esse vírus vai embora e não precisaremos mais tomar essas precauções. Nem sei se é exagero nosso ou não, para te falar a verdade.

- Na dúvida é melhor nos precavermos. Mamãe me ligou e disse que já tem casos suspeitos no Hospital Municipal.

- E ela está trabalhando normalmente?

- Sim, mas como ela é de grupo de risco, não está atendendo pacientes com suspeita de contaminação e nem pacientes com sintomas gripais.

- Entendi. Deus nos proteja e, principalmente, cuide de dona Yvone - disse Marina, preocupada com a sogra.

- Que tal irmos para a varanda tomar uma taça de vinho, já que Sofia dormiu?

- Ótima ideia, depois de um dia tenso como esse, namorar na varanda certamente vai melhorar nosso astral.

Foram abraçados, caminhando até a varanda, o local favorito dos dois na casa. A varanda era decorada com samambaias, pequenas suculentas, objetos artesanais e tinha duas cadeiras confortáveis, onde os dois adoravam se sentar para admirar o céu. As grossas nuvens de chuva haviam se dissipado e a lua crescente brilhava no céu já prateado de estrelas. Marina admirava a noite, enquanto André foi buscar duas taças de vinho para saborearem.

- Às vezes, nem acredito na sorte que temos por sermos abençoados com uma família tão linda. Eu amo tanto você e a Sofia, como vocês me fazem sentir feliz e plena! - disse Marina, envolvida pelo clima romântico daquela noite estrelada.

- Eu me sinto da mesma forma. Sou mesmo um homem de sorte. Nunca pensei que pudesse ser tão feliz, meu amor - disse olhando dentro dos olhos verdes de Marina, beijando-a e envolvendo-a em seu abraço apaixonado à luz do luar.

* * *

Dona Yvone havia chegado cansada em casa e foi direto tomar um banho e preparar o jantar. Estava se sentindo um pouco mal, mas acreditava que era apenas esgotamento, devido ao dia conturbado no trabalho. Deitou-se cedo para dormir e nem tomou seu chá para auxiliar no sono, tamanho o cansaço que estava sentindo. Teve um sono atormentado naquela noite, e acordou suando e se sentindo muito mal. Tentou levantar-se para pegar um copo d'água, mas sentiu uma tontura forte e sentou-se na cama novamente. Percebeu seu corpo pesado e febril. Achou melhor ligar para seu filho, pois temia desmaiar ali sozinha. Seu celular estava na mesa de cabeceira, e o último registro telefônico tinha sido para André mesmo, na tarde anterior. Assim, rapidamente selecionou o contato e o telefone de André começou a tocar acordando ele e Marina às 05h00 da manhã.

– Mamãe, o que houve, está tudo bem? – Atendeu André, assustado.

– André você pode vir até aqui? Não estou me sentindo bem.

Ele trocou de roupa apressadamente, pegou o telefone e as chaves do carro e foi em direção à casa de dona Yvone, tentando manter a calma para chegar até lá em segurança. A casa dela ficava a apenas dez minutos de carro do edifício Bouganville. Enquanto isso, Marina ficou em casa com Sofia, porém não conseguiu mais pregar o olho. Ligou a televisão para se distrair, mas seus pensamentos não a deixavam se concentrar em nada. Foi até a cozinha tomar um copo d'água, e depois foi até a varanda de onde podia avistar o mar e o horizonte. Observou o céu avermelhado devido ao amanhecer e o sol que despontava longínquo. Respirou fundo e desejou que tudo ficasse bem logo, mas sentiu uma angústia indefinida no peito. Sentou-se no sofá e Lili subiu também, pedindo o colo para a dona. Como se percebesse que algo estava errado ali, ela nem latiu, apenas se aconchegou no colo de Marina, e as duas permaneceram ali observando o dia amanhecer.

06
CONTAMINAÇÃO

André abriu o cadeado do grande portão de madeira da casa de dona Yvone e entrou apressadamente. Acendeu as luzes da sala, foi até o quarto e a encontrou bastante pálida, sentada na cama.

– O que houve mãe? A senhora está bem?

– Desculpe te incomodar a essa hora, mas senti um mal-estar e entrei em pânico por estar sozinha nesta casa. Acho que estou com febre, você poderia pegar minha caixinha de remédios ali na gaveta da cômoda?

André pegou a caixa de remédios da mãe e um copo d'água. Aferiu sua temperatura e ela estava realmente um pouco febril. Deu-lhe uma medicação para baixar a temperatura, e ela dormiu logo em seguida.

André sentou-se no sofá da sala e telefonou para Marina:

- E aí, como ela está?

- Estava pálida e com um pouco de febre, mas tomou um remédio e dormiu. Acho melhor eu ficar aqui com ela até que acorde, pois ela disse ter ficado em pânico por estar sozinha.

- Sim, é melhor você ficar por aí mesmo. Eu dou um jeito de ir com Sofia para a escola.

- Veja se a Carol te dá uma carona.

- Vou fazer isso. Melhoras para dona Yvone.

- Obrigado, meu amor, mais tarde nos falamos. Creio que não seja nada demais, foi mais o susto de passar mal sozinha, e ela ficou apreensiva.

- Sim, ela vai acordar melhor, se Deus quiser.

- Um beijo, meu amor, até mais.

André telefonou para a clínica e pediu que a secretária reagendasse os pacientes para outro dia, pois não iria trabalhar.

Marina pediu auxílio para Carol, e ela levou ambas até a escola, todas acreditando que teriam um dia normal. No entanto, aquele 17 de março de 2020 seria um dia bem atípico para todos os brasileiros, e para elas não seria diferente.

Carol comentou com Marina que Maurício a havia procurado no domingo à noite. Ele estava completamente sóbrio, e combinaram dele buscar Vivian na escola naquele dia. Vivian estava animada para vê-lo, pois já não o encontrava há meses, e tinha até acordado cedo para fazer uma escova no cabelo, se perfumou, colocou um sapato novo e levou uma blusa na mochila para trocar ao sair com o pai após a escola.

Marina e Sofia se despediram de Vivian e Carol, chegaram na escola e o clima estava estranho. As crianças pareciam sentir a ansiedade dos adultos, e estavam mais agitadas que de costume. Logo no início do dia, dois meninos brigaram na sala de aula e foram enviados para a diretoria pela professora Heloísa.

Após alguns minutos aguardando do lado de fora da sala, foram enviados pela própria diretora de volta para sala de aula, sem maiores explicações. Os meninos entreolharam-se sem entender o que tinha acontecido, no entanto, sentiram-se aliviados por escapar de uma bronca ou, quem sabe, até de uma suspensão. Mas, na verdade, a diretora estava com maiores problemas para enfrentar naquele dia.

O governador do Estado emitiu um Decreto orientando a suspensão imediata das aulas, e ela entrou em contato com a Secretaria de Educação da Prefeitura para compreender como se daria essa suspensão. Seria necessário mandar os alunos de volta para casa imediatamente? Não sabia como lidar com aquela situação que nunca havia ocorrido em seus vinte anos como profissional da educação.

Após algumas horas, recebeu o comunicado explicando que ela deveria suspender as aulas imediatamente, e que essa determinação valeria por quinze dias, a princípio. Respirou fundo e convocou os professores, um a um, em sua sala, e explicou a situação. Levariam as aulas até o horário do almoço, para que os responsáveis pudessem buscá-los e fechariam a escola logo em seguida. Não havia negociação a ser feita, pois esta era a recomendação para manter a segurança e a saúde dos profissionais e alunos.

Assim, ao soar o sinal de saída daquele dia, todos se despediram sem saber quanto tempo ficariam sem contato, apesar da perspectiva de que aquele afastamento duraria apenas quinze dias. Marina pegou novamente uma carona com Heloísa até a sua casa, e Sofia foi cabisbaixa no banco de trás, sabendo que não veria suas novas amigas da escola pelos próximos dias ou até mais.

Chegaram no edifício Bouganville e Moisés estava ansioso esperando por Marina, a fim de compreender o que estava acontecendo.

- Marina, é verdade que as aulas estão suspensas por quinze dias?

- Sim, é verdade, nas redes municipal, estadual e particular de ensino.

- Meu Deus, que loucura. Então as crianças vão ficar aqui ociosas?

- Os professores precisarão criar um plano de aula virtual, de acordo com o que a diretora informou. Mas, ainda não entendi bem como isso vai funcionar. Vamos aguardar maiores informações.

- Está certo. Deus que nos ajude e proteja nossas crianças - disse Moisés, apreensivo.

Enquanto isso, Maurício apareceu na saída da escola de Vivian conforme o combinado. Usava um casaco de couro, roupa toda preta e a aguardava ao lado de uma moto potente.

Vivian ficou exultante de alegria ao ver o pai. Ele a entregou um capacete e a convidou a subir na moto, deixando seus colegas de classe encantados com aquele pai moderno e com aquela moto poderosa. Acharam incrível o fato do pai de Vivian deixa-la andar de moto com ele.

Ela prendeu seu cabelo loiro escovado em um rabo de cavalo, colocou cuidadosamente o capacete, e subiu na moto com Maurício.

- Segura firme na cintura do papai, filha. Vamos acelerar!

Vivian apertou a cintura do pai com firmeza e os dois saíram em alta velocidade, deixando os colegas de escola de Vivian atônitos.

Ele a levou até um restaurante para almoçarem juntos e a deixou escolher sua sobremesa favorita, um *petit gateau*.

Enquanto Vivian saboreava sua sobremesa, Maurício disse o quanto sentia saudades dela e de Carol, e que gostaria de voltar no tempo para que pudessem viver juntos novamente. Maurício falava com sinceridade, pois apesar de seus vícios e dos erros cometidos com a ex-esposa, ele tinha plena consciência que tinha perdido sua família devido aos seus equívocos, porém, por mais que as amasse, ele não conseguia se controlar. Deixava-se dominar com muita facilidade pelos instintos inferiores, e para que conseguisse modificar sua maneira de ser, precisava de muita força de vontade para buscar ajuda. No entanto, por mais que sentisse falta da vida em família, a diversão ainda falava mais alto, e assim ele permitia que os desejos da carne predominassem sobre os do Espírito.

Devido à facilidade com que se entregava aos prazeres carnais, atraía verdadeira horda de Espíritos obsessores que se compraziam em influenciá-lo a cometer as mais variadas loucuras. Mas, naquele dia ele se preparou para dar toda atenção a sua filha e o genuíno amor que sentia por Vivian, e que a filha sentia por ele, afastou por alguns instantes aqueles desencarnados que o procuravam sem o encontrar. Conforme a questão 467 de *O Livro dos Espíritos* explica: *"Pode o homem eximir-se da influência dos Espíritos que procuram arrasta-lo ao mal" Pode, visto que tais Espíritos só se apegam aos que, pelos seus desejos, os chamam, ou aos que, pelos seus pensamentos, os atraem*[18]*"*.

Vivian ficou pensativa por alguns instantes e em seguida questionou o pai:

– Por que passou tanto tempo sem me procurar? Já não gosta mais de mim como antigamente?

– Eu te procurei, mas sua mãe nem sempre deixa eu te buscar.

– Quando você me procurou?

– Há algumas semanas eu fui lá no prédio, mas a Carol não deixou eu subir. Ela tem as razões dela sabe, eu nem sempre es-

18 KARDEC, Allan. **O Livro dos Espíritos,** tradução de Guillon Ribeiro. Editora Letra Espírita: Campos dos Goytacazes/RJ. 2022, p. 196.

tou em um bom dia, mas quero que você saiba que eu te amo muito, minha filha, e sempre que você precisar eu estarei aqui para você.

– Eu também te amo, papai.

Os dois se abraçaram e Vivian não compreendia porque a mãe não a deixava encontrar o pai, e nem quais eram as razões para que eles não estivessem todos juntos. Ela sabia que eles sempre brigavam, mas não compreendia bem o motivo de tudo aquilo, e se sentia muito triste por não poder desfrutar da presença do pai diariamente ao seu lado. Maurício amava muito a filha, mas raramente ficava sóbrio por mais de um dia, e isso o impedia de estar ao lado dela. Ainda não tinha maturidade para compreender a importância e o dever de ser um pai realmente presente na vida de sua filha.

– Já terminou sua sobremesa? Vamos dar uma volta de moto pela praia?

– Vamos!

Os dois saíram pela orla da praia de moto. Vivian abriu a viseira do capacete e sentiu o vento em seu rosto. Observou o mar azul, as pessoas indo e vindo, sentiu a maresia ser absorvida pela sua pele e sentiu-se plenamente feliz! Como era bom estar ao lado de seu pai vivendo aquela aventura. Não queria estar em outro lugar.

Pararam por alguns instantes, Maurício comprou duas águas de coco e sentaram-se em um quiosque, sentindo que começava a ventar um pouco mais forte, pois a tarde já avançava.

– Sabe filha, o papai tem alguns problemas que não tem nada a ver com você, são questões minhas. Mas, eu prometo que vou me esforçar para que possamos estar juntos com maior frequência. Sinto muito a sua falta e penso em você todos os dias.

– Eu também penso em você todos os dias, papai.

Abraçou a filha mais uma vez e sentiu as lágrimas que teimavam em cair de seus olhos. Como tinha sido estúpido ao perder aquilo que havia conquistado de mais precioso em sua vida. Lembrava de como havia sido inconsequente durante os anos de casado com Carol, das traições, bebedeiras e brigas. Se pudesse voltar no tempo, faria tudo diferente, mas o tempo era implacável. Cada dia se tornava mais distante a possibilidade de uma reconciliação. Carol não queria mais nada com ele, por mais que ele a procurasse. Sabia que não tinha mais volta, mas tentaria recuperar ao menos o amor de sua filha. Esse ele não perderia! Faria tudo que pudesse, a partir daquele momento, para não a perder, e se esforçaria mais do que nunca para melhorar.

- Vamos embora agora, antes que sua mãe fique preocupada. Daqui a pouco vai escurecer.

- Tudo bem, papai.

Os dois subiram novamente na moto e Maurício acelerou para chegarem logo em casa. Distraiu-se por um instante com seus pensamentos e não percebeu que havia uma lombada logo a sua frente. Acabou se desequilibrando da moto ao passar por ela, e os dois caíram, em um violento impacto.

* * *

Já eram quase dezessete horas e André não havia voltado para casa desde aquela madrugada. Marina estava preocupada e telefonou para o marido para saber notícias de sua sogra.

- Oi, Marina, foi tudo bem na escola? Não telefonei porque acabei pegando no sono de manhã, e acordei quase meio-dia. Mamãe acordou sem febre e teimou em não ir ao Hospital, dizendo que não há necessidade. Pedi um almoço para nós dois e estou aqui, até agora, para observar como ela ficará. Estou com medo de deixá-la sozinha. E se ela passar mal novamente? O que você acha?

– Acho melhor você ficar aí mesmo. Não será bom deixá-la sozinha esta noite.

– Você consegue cuidar da casa e da Sofia?

– Claro, não precisa se preocupar conosco. Está tudo sob controle. Só estamos com saudades.

– Eu também estou com saudades. Manda um beijo para minha princesinha e mais tarde nos falamos novamente, tudo bem?

– Tudo bem. Um beijo, e melhoras para dona Yvone.

– Um beijo, meu amor.

André desligou o telefone e foi até o quarto de dona Yvone. Sabia que ela não estava bem, mas não quis preocupar a esposa. Ele sentia medo de dona Yvone estar contaminada pela Covid-19, pois, se ela estivesse, ele provavelmente também já estaria. Passou a mão pela cabeça, nervoso, não sabia o que fazer. Intuído pela Espiritualidade que estava ao seu redor, teve a ideia de telefonar para vô Everaldo. Ele saberia aconselhá-lo.

Everaldo atendeu prontamente.

– Vô Everaldo, aqui é o André. Estou passando por uma dificuldade com minha mãe, pois ela está passando mal desde a noite passada. Teve febre, mal-estar e eu estou aqui com ela, desde a madrugada. Sinto-me muito apreensivo, com medo do que pode ser.

– Você está com medo de ser Covid, é isso?

– Sim, exatamente. Ela trabalha no Hospital e sei que deram entrada alguns pacientes com suspeita de contaminação esta semana.

– Você precisa levá-la ao Hospital para que ela faça o teste.

– Ela não quer ir. Disse que não é nada, e que não há necessidade de irmos ao Hospital.

– Você precisa convencê-la a ir ao Hospital. Não há outra medida a tomar. E você precisa ficar isolado, pois pode estar contaminado. Até terem certeza do que seja, você não deve entrar em contato com ninguém. Nem você e nem sua mãe.

- Eu sei. Vou tentar levá-la ao Hospital, então. Mais tarde darei notícias.

- Sim, permaneça calmo. Deus está no controle de tudo, e eu estarei em prece por vocês. Precisando de mim, pode telefonar.

- Tudo bem, obrigado.

André desligou o telefone, tentou se acalmar e foi até o quarto da mãe.

- Mãe, como está se sentindo?

- Estou com dores pelo corpo e ainda sinto um mal-estar.

- Mãe, sei que a senhora não quer ir ao Hospital, mas saiba que com essa situação na cidade, é importante que a senhora faça o teste de Covid. A essa altura, nós dois já podemos estar contaminados.

- Você acha?

- A senhora sabe que a possibilidade existe.

- É verdade, eu sei. Vou fazer o seguinte: Vou tentar tomar um banho, e se a febre não abaixar, nós vamos ao Hospital, o que acha?

- Tudo bem, mamãe, eu ajudo a senhora.

Dona Yvone tomou um banho morno, fez um lanche leve, mas continuou febril e sem apetite. André, então, a levou até o Hospital onde ela trabalhava.

Ao chegar ao Hospital, ela foi submetida ao teste de Covid e recebeu uma medicação para controlar a febre. Foi orientada a retornar para sua residência e manter o isolamento como medida de prevenção, pois o resultado do teste sairia após três dias. Numa conversa com o médico, André foi orientado a utilizar uma máscara caso entrasse em contato com seus familiares, mas como não apresentava nenhum sintoma, não foi submetido ao teste.

Ao saírem do consultório médico, encontraram Carol na recepção do Hospital.

- Carol, está tudo bem? Onde está a Vivian?

- Vivian e o pai sofreram um acidente de moto. Vim correndo para cá e estou aguardando me chamarem para vê-la - disse Carol, tentando conter as lágrimas.

- Um acidente? Mas como eles estão? Foi grave? - perguntou André preocupado.

- Parece que não! Maurício sofreu pequenos arranhões, mas, a Vivian ficou com a perna presa embaixo da moto e precisou fazer uma radiografia do tornozelo para melhor avaliação. Está lá dentro com Maurício, aguardando os resultados.

- Se você quiser podemos aguardar aqui com você.

- Você veio buscar sua mãe no trabalho?

- Na realidade, mamãe não estava trabalhando, pois está com febre e veio fazer teste de Covid. Por isso, estamos usando máscaras - respondeu André.

- Ah dona Yvone, estimo melhoras à senhora. Não há de ser nada e logo estará bem, se Deus quiser.

- Obrigada querida! Tenho certeza que Vivian já estará pulando por aí, logo, logo. Crianças se recuperam muito rápido.

- É verdade, a senhora tem toda razão - respondeu Carol, com os olhos cheios de lágrimas. - Mas, vocês podem ir, não se preocupem comigo.

- Está bem, depois dê notícias da Vivian.

- Pode deixar.

Após alguns instantes, Vivian saiu do consultório acompanhada pelo pai, e com a perna imobilizada.

- Ah, minha filha! - Carol correu para abraçá-la.

- Olha que legal mamãe, eu sempre achei legal usar muletas - disse Vivian, ingenuamente.

Carol olhou para Maurício com uma expressão furiosa, mas achou melhor não dizer nada, para não contrariar a filha.

- Vamos para casa. Tchau, Maurício.

- Desculpe pela confusão, mas ela está bem. Você me dá uma carona até a minha casa? Estou sem a moto.

- Sim, vamos lá. Onde está a receita da medicação da Vivian?

- Está aqui - entregou a receita, repetindo as orientações do ortopedista.

Dentro do carro, trocaram poucas palavras. Maurício se mostrou apreensivo, pois sabia que tinha aprontado mais uma vez com a família.

- Que ideia levar a menina para andar de moto, Maurício. Se eu soubesse, não teria permitido. Mas, eu deveria saber que você é mesmo um irresponsável e inconsequente.

- Mamãe, por favor, não brigue com o papai.

- Sua mãe está certa como sempre. Prometo ser mais cuidadoso da próxima vez. Me perdoe, Carol.

- É para sua filha que você deve pedir perdão, não para mim. Ela que está com a perna ferida, por conta da sua inconsequência de sempre. Só espero que isso não tenha ocorrido devido à bebida.

- Eu juro que não bebi. Foi apenas um acidente decorrente da minha distração.

- Distração essa que poderia ter matado nossa filha.

- Eu sei Carol, por favor, me perdoe. Me perdoe também, Vivian?

- Tudo bem, papai, nem está doendo.

Chegaram até o prédio de Maurício e ele saiu prometendo ligar no dia seguinte para saber da filha. Carol nem perguntou como ele estava, tamanha era sua indignação com o ex-marido que, além de não a auxiliar em absolutamente nada, ainda trazia mais problemas para sua vida.

Oseas e Berenice, os Mentores Espirituais que acompanhavam Moisés e aquele grupo de amigos, observavam a cena lembrando-se dos fatos da vida passada de cada um deles.

– Carol e Maurício precisam se entender novamente. Maurício assumiu um compromisso com Carol e Vivian, porém mais uma vez ele não está conseguindo cumpri-lo, e vem se entregando ao vício. Hoje, após alguns dias sóbrio, ele se arrependeu verdadeiramente por ter perdido sua família, mas ainda pode participar da educação de Vivian e manter uma relação harmoniosa e respeitosa com Carol. Ele só precisa se esforçar verdadeiramente para vencer seus vícios.

– Sim, é verdade. Em sua vida passada, ele e Carol se desentenderam, pois, a esposa o traiu e ele a assassinou, deixando a pequena Vivian órfã. Carol conseguiu perdoá-lo, e nesta encarnação, vieram com a missão de acolher novamente a filha e se entenderem, porém apenas Carol vem conseguindo superar os erros do passado. Maurício ainda precisa se esforçar muito para cumprir o planejamento reencarnatório solicitado por ele mesmo quando estava na erraticidade.

Em um tempo remoto, todos os personagens que agora se reencontravam nas tramas da vida, haviam se relacionado e precisavam resgatar os débitos adquiridos anteriormente. Moisés era um rico comerciante da civilização dos sabeus, atual Arábia Saudita, no século II d.C. Os sabeus eram um povo semita que havia fundado o Reino de Sabá, que atualmente ficava no território do Iêmen. Era um povo de alta estatura e composto por ricos comerciantes e exportadores de ouro, pedras preciosas, perfume e incenso. O Reino ostentava belos templos, palácios e casas, situando-se no topo de uma bela colina arborizada.

Moisés havia sido um rico comerciante que morava em um palácio. Era um homem belíssimo e muito sedutor, que comercializava especiarias, ébano, seda, tecidos da Índia, madeiras raras, plumas, peles de animais e ouro que eram transportados em grandes caravanas sabeias de camelo, que seguiam uma rota comercial conhecida como "Estrada do Ouro e Incenso", e que ligava a Índia ao Egito e ao norte da Síria, passando por Marib.

Moisés havia chegado recentemente em sua cidade, após um longo período viajando nas caravanas, e costumava organizar festas para sua própria recepção e diversão, onde convidava as mais belas mulheres do reino e seus amigos próximos.

Maurício trabalhava para Moisés e foi convidado, com sua bela esposa, para a festa daquela noite. Carol escolheu um vestido azul turquesa, muito bonito e elegante que possuía, penteou seus longos cabelos em uma trança e o adornou com pequenas flores. Estava animada, pois adorava as festas do palácio de Moisés. Deixou sua filha Vivian, de doze anos, aos cuidados de sua vizinha Yvone que era casada com Everaldo, um senhor muito sábio e conselheiro dos governantes do reino. Yvone era conhecida por realizar preparos medicinais com ervas e plantas, porém, ela não só auxiliava as pessoas doentes, mas também as prejudicava, pois sabia realizar preparos de chás abortivos e venenos sob encomenda, desde que a remunerassem bem.

Na parte rural da cidade, moravam André, Marina e a pequena Sofia. Eram pobres agricultores, e André costumava levar a colheita de suas verduras e legumes até os vendedores da cidade em uma humilde carroça. Marina o acompanhava algumas vezes e levava Sofia, que tinha 10 anos de idade. Marina adorava ir até a cidade ver os belos homens e mulheres que por lá passeavam. Sonhava morar na rica cidade, mas seu pobre marido havia herdado uma pequena casa com um grande quintal na parte rural, onde plantava e colhia verduras e legumes que eram a fonte de subsistência da família. Naquele dia os três foram até a cidade para que André realizasse suas vendas e puderam ver a grande movimentação, devido à preparação do palácio de Moisés para a festa que se iniciaria no final da tarde.

Marina sonhava poder participar de uma festa no palácio e passou algumas horas em frente àquela imponente residência, observando as elegantes mulheres que chegavam em seus vestidos coloridos, seus cabelos bem penteados, e pensava que faria qualquer coisa para que lá pudesse entrar. Ficou imaginando como seria aquele enorme palácio por dentro, todo adornado com flores e enfeites para o grande baile que aconteceria naquela noite. Se imaginava bailando com belos homens e sendo cortejada por eles em um sedutor vestido vermelho, enquanto as mulheres olhariam para ela com inveja de sua beleza e elegância.

Enquanto estava imersa em seus pensamentos, avistou Carol e Maurício que chegavam elegantes. Logo após adentrarem o palácio, André a chamou tirando-a de seus devaneios e fazendo-a encarar a realidade dura de seu marido pobremente vestido, bem como de sua própria situação.

– Marina, o vendedor da feira me perguntou se eu aceitaria ajudá-lo a levar os alimentos para o jantar no palácio esta noite, pois o seu ajudante não veio trabalhar.

Marina mal pôde conter sua empolgação.

– Eu e Sofia também podemos ajudar – disse, sem preocupar com o trabalho pesado que encararia. Estava animada com a oportunidade de ver a festa com seus próprios olhos.

– Vocês podem me ajudar a descarregar as coisas, sim. Venha logo e chame Sofia, pois estão com pressa.

Os três foram até a venda e auxiliaram a levar as cargas solicitadas para dentro do palácio. Entraram pelos fundos, e não pela entrada principal, mas Marina deu um jeito de escapar da cozinha e foi até o salão de festas para ver os preparativos.

Ficou encantada com a beleza daquele enorme salão todo decorado com flores e enfeites dourados, e uma grande mesa onde estava sendo servido um enorme banquete com especiarias, carnes, frutas e vinhos. Enquanto observava os convidados chegarem, sonhava em um dia poder participar como convidada de uma festa como aquela. Logo, uma empregada, a governanta Berenice, a viu e a despachou de volta para a cozinha.

Enquanto isso, Moisés se arrumava elegantemente e estava muito animado para sua recepção. Os convidados já dançavam ao som da música que entoava pelo palácio e todos se divertiam. Naquela noite, ele esperava encontrar a companhia de uma bela mulher, mas a cada dia ficava mais difícil encontrar alguém que satisfizesse seus desejos e o encantasse, pois ele já estava cansado das mulheres do reino e sentia que eram todas iguais.

O que não sabia era que Carol, esposa de seu amigo Maurício, tinha um plano para seduzi-lo naquela noite. Carol era ambiciosa, e apesar de estar em um relacionamento com Maurício, desejava ser a senhora daquele palácio e, por isso, havia decidido seduzir Moisés. Para isso, ela encomendou uma poção com Yvone e, pelo que ela dizia, era altamente afrodisíaca e deixaria Moisés aos seus pés.

Enquanto todos riam e conversavam, Carol disfarçadamente despejou a poção no copo de bebida de Moisés e ele tomou sem perceber. A poção realmente fez efeito e ele sentiu um desejo insaciável dentro de si. Em seguida, sentiu-se um pouco desorientado e pediu auxílio a Maurício:

- Maurício, não me sinto muito bem. Me ajude a subir até meus aposentos.

Maurício o levou até seu luxuoso quarto e ele deitou-se.

- Pode ir Maurício, descansarei um pouco e já desço.

- Tudo bem, se precisar é só me chamar.

Carol, astutamente seguiu os dois até o quarto e, após a saída de Maurício, ela entrou nos aposentos de Moisés. Ele estava com seus olhos fechados e ela despiu-se totalmente. Então, sussurrou em seu ouvido que tinha um presente para ele.

Moisés assustou-se ao perceber a presença de Carol em seu quarto, mas como sentia dentro de si um desejo ardente, e ao mesmo tempo um leve torpor, não foi difícil para Carol atingir seu objetivo de seduzir o comerciante.

Entretanto, após alguns minutos, Maurício retornou até o quarto para ver como estava o amigo e surpreendeu os dois na cama em flagrante.

Como sabia que Moisés estava se sentindo mal, o que ainda era nítido, Maurício ficou cego de raiva ao perceber que a esposa havia armado tudo. Apanhou um punhal e a assassinou ali mesmo, deixando um rastro de sangue pelo caminho e Vivian órfã de mãe.

Moisés mandou chamar seus empregados e rapidamente eles se livraram do corpo de Carol. Maurício foi embora da festa transtornado e aos prantos, entregando-se ao vício no álcool a partir daquele dia, e nunca mais conseguiu se recuperar. Sua filha, Vivian, passou a morar com seus avós paternos, que a tratavam com todo o amor, porém ela nunca soube o que houve com sua mãe, e amava profundamente seu pai, esperando que um dia ele melhorasse e que sua mãe retornasse para casa.

A festa não terminou, e para que os empregados realizassem a limpeza do quarto de Moisés, ele foi até a cozinha, mesmo que ainda se sentisse um pouco tonto pelo efeito da poção. Ao adentrar a cozinha não pôde acreditar no que via. Era uma deusa? Quem era aquela mulher belíssima que ele nunca havia visto pelas redondezas? Ela se vestia feito uma camponesa, porém aquela vestimenta simples apenas destacava mais ainda sua beleza natural e pura.

Ela olhou para Moisés e logo abaixou os olhos timidamente, ainda descarregando alguns materiais leves na cozinha do palácio. Mas, sob seu olhar penetrante, ela sentiu um arrepio percorrer todo seu corpo.

- Berenice, quem é aquela belíssima mulher? - perguntou Moisés a sua fiel governanta e conselheira.

- Ela está auxiliando o verdureiro a descarregar os materiais. Parece que o ajudante dele não apareceu hoje e ele contratou outras pessoas em seu lugar. Mas não os conheço.

Moisés estava hipnotizado pela beleza de Marina, e decidiu conquistá-la a qualquer preço. E estava acostumado a obter todos os seus objetos de desejo, sem exceção.

07

DESPEDIDA

Dois dias se passaram, e André permaneceu ao lado de sua mãe. Não foi mais ao seu próprio apartamento, devido ao risco de contaminação. Naquela manhã, apenas foi ao supermercado para fazer as compras semanais para Marina e Sofia, indo até sua garagem e entregando tudo à esposa. Ela, por sua vez, levou para o marido alguns objetos pessoais para que ele não precisasse subir. Os dois estavam loucos de saudades, pois eram muito apaixonados, e nunca haviam ficado tanto tempo longe um do outro. Sofia também sentia falta do pai e foi até a garagem para vê-lo de longe, enviando muitos beijos no ar. Algumas pessoas achavam aquela atitude exagerada, mas, por serem da área de saúde, André e Yvone estavam cientes do risco ao qual poderiam estar expondo a família caso agissem de forma diferente.

Ao retornar para a casa de sua mãe, observou as ruas assustado. Não havia quase ninguém circulando nas ruas, nem de carro e muito menos caminhando. Ele se sentia em um cenário de guerra. Um decreto estadual havia determinado a suspensão das aulas da rede pública e privada de ensino por quinze dias, além da redução de 50% da frota de ônibus, o fechamento dos shoppings, academias, centros comerciais e até mesmo proibindo que as pessoas circulassem nas praias, que era um ambiente aberto. Para que o governador emitisse este decreto, provavelmente o vírus já havia se espalhado mais do que eles imaginavam. Imerso em seus pensamentos, André chegou à casa de sua mãe.

Yvone piorava a cada dia e, além da febre constante que já apresentava a três dias, agora ela sentia falta de ar. André queria levá-la novamente ao Hospital, mas ela o convenceu de só irem quando o resultado do exame ficasse pronto. Finalmente, ao meio-dia, o laboratório atualizou o resultado do exame no sistema e André o acessou pelo telefone celular. Infelizmente, o resultado para o vírus era positivo. Yvone estava realmente contaminada pela Covid-19 e, após a confirmação, André conversou com sua mãe. Arrumaram uma mala de roupas e itens de higiene e foram para o Hospital prevendo que ela poderia ficar internada.

Ao chegarem ao Hospital Municipal da cidade, ficaram surpresos com a quantidade de pessoas que chegavam para atendimento com sintomas respiratórios. Havia uma fila formada do lado de fora do Hospital. André chamou uma conhecida de dona Yvone, que trabalhava com ela como enfermeira, e explicou que estava com o resultado de seus exames. Ela foi rapidamente conduzida até uma ala separada do Hospital, somente para casos confirmados de Covid, e foi submetida a novos exames. Infelizmente ela estava com parte de seu pulmão comprometido pela doença e precisaria ficar internada, mas seu quadro era estável.

André não poderia permanecer ali pois, estava proibida a visitação e permanência de acompanhantes de pacientes de Covid.

Ele retornou para a casa da mãe desnorteado. Telefonou para a esposa chorando e muito nervoso:

- Marina, pelo amor de Deus, eu não posso perder minha mãe. Perdi meu pai há oito meses! Como ficarei assim sozinho no mundo?

- Calma meu amor, você jamais estará sozinho no mundo! Eu e Sofia te amamos mais que tudo nessa vida, e nada vai acontecer com sua mãe. Ela vai melhorar, você verá.

- Ela acaba de ser internada, Marina. Está com 40% do pulmão comprometido devido à doença.

- Foi confirmada a contaminação dela?

- Sim. E provavelmente eu também estou com o vírus, pois estive ao lado dela durante todos esses dias.

- Mas você está sentindo alguma coisa?

- Não se preocupe comigo, eu estou bem fisicamente. Apenas triste por causa da situação da minha mãe. Ela está tão abatida, eu nunca vi minha mãe assim. Logo agora que ela havia começado a sair do luto, e estava mais animada, foi acontecer uma coisa dessas!

- Eu sei, meu amor, mas mantenha a calma. O que posso fazer para te ajudar?

- Queria seu abraço, sentir seu cheiro de lar, mas não podemos nos ver, é muito arriscado.

- Sim eu sei. O que os médicos recomendaram que você fizesse?

- Eles disseram que eu só farei o teste caso apresente algum sintoma, mas a princípio preciso me manter isolado por quatorze dias, devido ao contato com minha mãe.

- Entendi. Olha, esses dias passarão rápido! O importante é você se cuidar e se manter forte para auxiliar sua mãe, pois ela precisará muito de você quando sair do Hospital.

- Sim, você tem toda razão. Farei isso.

- Se alimente bem, descanse e tenha paciência, porque logo isso vai passar e estaremos todos reunidos novamente.

Despediram-se, tristes com a separação a que eram forçosamente submetidos. Marina tentou passar esperança e força ao marido, mas estava a ponto de enlouquecer devido ao trabalho que estava tendo com a filha, a casa, reuniões de trabalho *on-line* e isolamento social. Precisava preparar aulas virtuais para os alunos, e não fazia ideia de como faria aquilo, ainda mais sem a ajuda de André. Entretanto, não comentou nada com ele, pois sabia que seus problemas eram insignificantes perante o estado de saúde da sogra. Não era o momento de levar problemas até ele, e sim de ajudá-lo. Mas, não sabia como.

André se sentia como um animal enjaulado dentro da casa de sua mãe. Enquanto estava ao lado dela, ele estava se mantendo forte, porém agora que se via ali sozinho, estava profundamente abalado, angustiado, e não sabia o que fazer. Andava de um lado para o outro pela sala, queria sair dali, mas, sabia que não podia ficar andando pela rua, pois poderia contaminar alguém caso ele estivesse com o vírus, o que era quase uma certeza.

Abriu as sacolas de compras que havia deixado no chão da cozinha pela manhã e resolveu limpar toda a casa. Passou desinfetante e álcool em todas as superfícies, trocou os lençóis da cama da mãe e abriu todas as janelas e portas para que o ar circulasse no ambiente. Sentiu-se um pouco melhor. Guardou as compras nos armários e preparou um almoço somente para ele.

Almoçou e preferiu não ligar a televisão, que naquele momento, apenas falava a respeito da doença. Lavou toda a louça e sentou-se no sofá. Pegou o telefone e começou a visualizar as fotos que estavam em seu aparelho. Vendo as fotos de seu aniversário, com toda a família e amigos reunidos, mal podia acreditar que havia passado apenas duas semanas. Parecia que sua festa havia ocorrido há anos. Os últimos dias haviam sido longos e exaustivos para ele. Admirando a alegria dele mesmo e de sua família em suas próprias fotos, acabou adormecendo no sofá.

Sonhou que estava em sua festa de aniversário, mas aos poucos, o ambiente foi mudando e, repentinamente, estava em um outro local.

Berenice o auxiliava a recordar-se dos tempos remotos, em que era um pobre verdureiro que sofreria um enorme desgosto em sua vida. A Mentora comentou com Oseas:

- Oseas, já é hora de André começar a se preparar para os acontecimentos que virão. Para isso, ele precisa recordar-se um pouco do passado, como preparação para um breve futuro.

- Sim, Berenice, vamos abrir sua mente para as recordações de seu passado remoto.

Após a festa no palácio de Moisés, André e sua família retornaram para seu lar. Marina continuava deslumbrada com a vida na cidade grande, porém, André não se preocupava com o entusiasmo da esposa, pois para ele aquilo não tinha a menor importância. Adorava sua vida no campo, o cheiro das plantas, o contato com a natureza, seus animais e belezas naturais. Desde aquele tempo remoto, André já se sentia pleno em contato com a natureza, e levava uma vida simples em que era plenamente feliz.

Sua filhinha, Sofia, adorava o pai, e aprendia a amar a natureza, suas paisagens e a lidar com as plantas e os animais como ele a ensinava. Mas, sua mãe era diferente, ela gostava mesmo era do luxo e sonhava em ser uma daquelas belas e vaidosas mulheres que viviam na cidade. Passava o dia a se embelezar com lenços, flores e a cantar em frente ao espelho de seu humilde quarto, dançando e imaginando viver uma outra vida. André e Sofia riam quando a pegavam em seus devaneios de sempre, e ela ficava irritada, menosprezando o jeito simples do marido e da filha e dizendo que um dia ela iria embora daquela pobreza e nunca mais a veriam.

Os dois não davam muita importância e achavam uma grande bobagem aquela conversa de Marina, porém da noite para o dia, tudo se transformaria naquela humilde residência.

Moisés não conseguia tirar aquela humilde mulher da cabeça. Ela era exuberante e dona de uma beleza natural rara. Chamou Berenice e pediu que ela conseguisse todas as informações a respeito dela.

A governanta descobriu que Marina era a esposa do verdureiro, e também onde eles moravam. Moisés mandou que ela fizesse uma encomenda a André, para que ele saísse de sua residência e, assim, deixasse o caminho livre para que ele fosse até lá cortejar Marina durante a ausência do marido.

Berenice enviou o recado a respeito da falsa encomenda para André e ele, muito animado, foi até a cidade conforme planejado. Enquanto isso, Moisés foi até a casa de André para tentar seduzir sua esposa.

Bateu a porta e Marina mal pôde acreditar ao ver aquele rico senhor em sua casa.

- Boa tarde, dona Marina, o Sr. André está em casa? Vim buscar a minha encomenda.

- Eu acho que houve algum engano, pois André foi até a cidade levar a encomenda do senhor. Seu nome é Moisés, certo?

- Sim, isso mesmo. Não acredito que perdi a viagem - disse dissimuladamente. - Poderia me oferecer uma água? Esse calor está insuportável.

- Sim, é claro, sente-se por favor.

Marina foi até a cozinha buscar um copo d'água para Moisés e seu corpo todo tremia com aquele encontro inesperado. Quando retornou, Moisés disse:

– A senhora está tremendo! É por minha causa? Me desculpe, não quis te fazer mal algum – disse, enquanto pegava suas mãos para beijá-las delicadamente e, em seguida, a tomou em seus braços.

Ela se deixou envolver por aqueles braços fortes e pensou que iria desmaiar, tamanha a emoção que sentia. Aquele belíssimo homem rico a desejava, ou seria apenas uma impressão dela? Enquanto pensava no que estava acontecendo, Moisés começou a beijá-la, sem dar tempo para que ela refletisse sobre a loucura que estava cometendo.

Moisés a beijou furiosamente, e Marina se entregou em seus braços e a seus beijos sem conseguir conter-se.

– Como te desejo! Desejo desde o dia em que eu a avistei em minha casa – disse, enquanto a beijava e já a despia, pois Marina se entregava àquela paixão arrebatadora.

Foram até o quarto do casal e deram vazão ao desejo que sentiam um pelo outro. Marina nunca havia traído seu marido, porém a paixão que sentiu por Moisés foi irresistível naquele momento.

– Quero você só para mim, Marina. Venha morar em meu palácio e ser minha mulher.

– Mas eu sou casada com André, tenho uma filha, isso seria um desvario.

– Eu vou embora agora, mas, pense na minha proposta – disse Moisés, enquanto se vestia. – Nunca senti antes o que sinto por você.

– Vou pensar – prometeu Marina.

– Amanhã, enviarei minha fiel empregada até aqui, à meia noite para buscá-la. Se decidir ficar, não nos veremos mais. Se decidir vir, será minha para sempre – disse Moisés, olhando profundamente nos olhos de Marina e deixando-a sem ar.

Após dizer essas palavras, ele partiu em sua imponente carruagem, deixando Marina indecisa a respeito de qual decisão tomar a partir daquele momento. Observou a vermelha poeira da estrada levantada pelo cavalo que levava Moisés e chorou, pois, sabia que não resistiria por muito tempo à tentação que já a arrebatava.

- Quem era aquele homem, mamãe? - Perguntou Sofia, que até aquele momento brincava no quintal distraidamente, sem perceber o que havia acontecido dentro de seu amado lar.

- Era o dono do palácio da festa que fomos aquele dia, e veio buscar algumas encomendas que fez com seu pai.

- Mas papai não foi até a cidade levar as encomendas?

- Quanta pergunta, Sofia! Vá brincar e não se intrometa nos assuntos de seu pai - disse, já aborrecida com a curiosidade infantil da filha.

André assistia todos aqueles acontecimentos como se fossem um filme que se desenrolava diante dele. Ficou muito angustiado com o que via pois, sabia que nada daquilo terminaria bem.

- Fique calmo André, é preciso que se recorde de alguns acontecimentos para que compreenda o que vem ocorrendo em sua atual encarnação.

- Mas é tão difícil recordar a forma com que tudo aconteceu. A minha vontade é entrar ali e impedir que tudo ocorra novamente.

- Sabemos como é difícil meu amigo, mas estamos aqui para te auxiliar - respondeu Berenice, carinhosamente.

- É melhor pararmos por aqui hoje, é muito para ele. Quando retornar ao seu corpo físico, conservará uma leve lembrança do que viu, mas nada que vá afetar sua forma de agir.

- Tudo bem, melhor assim. É muito doloroso ver as atitudes de minha esposa.

- Sim, porém, compreenda que Marina mudou muito. Ela já não é mais aquela mulher leviana e ambiciosa, mas precisa encarar as consequências de seus atos ainda assim. Ela se comprometeu com esta situação durante seu planejamento reencarnatório. Assim como você, querido André.

- Eu sei. Sinto que desta vez cumpriremos com louvor nosso planejamento. Auxiliarei Marina e Sofia enquanto eu puder.

Dito isso, André retornou à carne, despertando no sofá da sala com uma sensação estranha e uma angústia inexplicável. Sentiu uma vontade irresistível de abraçar sua esposa Marina, mas se lembrou que estava em isolamento e não podia vê-la, nem à sua filha Sofia. Derramou algumas lágrimas, sem poder conter a saudade que já o angustiava. Olhou pela janela e já havia escurecido lá fora. O céu estava um pouco encoberto e poucas estrelas brilhavam naquela noite. Seu celular tocou interrompendo seus pensamentos.

- André, aqui é Carmem, amiga de sua mãe.

- Carmem, o que houve? Como está mamãe?

- Infelizmente, sua mãe não está bem. Ela foi intubada e está respirando com ajuda de aparelhos, pois, seu pulmão está mais de 60% comprometido e, por esta razão, ela precisou ser internada na UTI.

- Eu vou até aí.

- Não adianta André, visitas na UTI de pacientes com Covid estão proibidas. E como ela está inconsciente, também não há motivos de você vir até aqui.

- Mas por que precisaram intuba-la?

- Porque mesmo usando oxigênio por um cateter, ela apresentava muita falta de ar e baixa oxigenação no sangue. Neste caso, não havia outra alternativa.

- Carmem, o que posso fazer por ela então?

- Se tem fé ore por ela. A princípio, é tudo que podemos fazer. Mas, lembre-se que a UTI é o ambiente mais adequado para ela estar agora, pois lá ela é submetida a exames e é monitorada o tempo todo. Temos uma equipe de médicos, enfermeiros, nutricionistas, entre outros profissionais que estão cuidando dela e dando toda atenção e cuidado que sua mãe merece e precisa -

informou a amiga de dona Yvone. – É comum que pacientes com Covid necessitem de intubação e permaneçam sedados na UTI devido ao comprometimento respiratório que apresentam. Mas, isto de forma alguma, significa que ela não irá reagir. Tenhamos fé, meu querido. Para Deus nada é impossível.

André desligou o telefone e caiu em prantos, desconsolado. Havia perdido seu pai há poucos meses e não podia perder sua mãe também. Para piorar, não podia contar com o abraço e o carinho de sua esposa e filha, pois estava com suspeita de contaminação pela Covid. Sentiu-se desamparado e só como nunca, mas ele não estava sozinho, pois Berenice, sua Mentora, estava ao seu lado e tentava transmitir bons pensamentos para amenizar um pouco da angústia que André sentia. Ele captou a sugestão da Mentora e decidiu telefonar para vô Everaldo, que sempre o auxiliava em momentos e situações difíceis, e também para contar a ele, que tanto gostava de sua mãe, sobre a situação dela.

Conversaram muito, e vô Everaldo conseguiu acalmar um pouco o coração sofrido de seu genro, de quem tanto gostava.

– André, meu querido, não desanime. Sei que você está passando por um momento muito difícil, mas é preciso que todos nós que amamos a Yvone, mantenhamos nosso pensamento positivo e em prece por ela, para que não a prejudiquemos. Nosso pensamento e nossas preces podem influenciar diretamente em seu estado psíquico. Como disse Kardec em sua obra *A Gênese*, *"nossos pensamentos são como os sons de um sino, que fazem vibrar todas as moléculas do ar ambiente*[19]*"*.

– Mas é tão difícil se manter positivo diante desta situação. O senhor sabe que eu não sou de me entregar à tristeza, porém estou aqui sozinho na casa dela e só consigo pensar no pior.

---

19 KARDEC, Allan. **A Gênese.** Editora EME: Capivari/SP. 2020, p. 47

- A melhor forma de superar estes momentos difíceis é através da caridade, do altruísmo e do amor. Quando você pensa apenas em si, de forma egoísta, você tende a não aceitar a solidão imposta, a separação de quem se ama, a doença ou a dor. Mas, quando se pensa no próximo, em auxiliar aquele que sofre e a partir daí faz uma prece por quem está doente, telefona para aquele que também está sozinho, ajuda quem está em dificuldade maior que a sua, aceita que a separação daquele a quem se ama pode ser benéfica para o outro, daí a dor começa a amenizar. A sua solidão, neste momento, é apenas física, André. Eu estou aqui com você, Marina, Sofia também, todos que te amam estão com você em pensamento e sentimento. A sua separação temporária de sua mãe, é necessária para que ela receba o tratamento adequado e para que seja amparada pelos médicos e profissionais que estão fazendo o melhor por ela.

- Você tem razão, é muito egoísmo da minha parte ficar me sentindo desta forma quanto ela está nesta situação.

- Exatamente! Veja bem, espiritualmente nunca estamos desamparados. Busque, através da prece e do pensamento positivo, o auxílio espiritual, e você será amparado, meu querido genro. Não se sinta só, nunca estamos sozinhos, acredite.

- Obrigado, vô Everaldo. Já me sinto bem melhor ao conversar com o senhor.

- De nada! Precisando é só chamar. Estou aqui para o que precisar, e em prece, por você e pela Yvone.

Ao desligar, Everaldo fez uma prece pelos dois, pedindo que eles aceitassem a vontade de Deus, fosse ela qual fosse.

Passaram-se três dias e a situação de dona Yvone só piorava. No dia 22 de março pela manhã, ela teve uma súbita melhora e foi autorizada a fazer uma videochamada com seu filho. André mal podia conter a alegria em ver e ouvir a voz fraca de sua querida mãe.

- Mãezinha, não se esforce muito, já estou muito alegre em te ver. A senhora já vai melhorar e vamos estar juntos novamente, muito em breve. Toda a sua família e seus amigos estão em prece pela sua recuperação.

- André, meu filho não se preocupe - disse ela com dificuldade. - Sinto que não suportarei por muito tempo, mas não estou triste, pois poderei rever meu marido Ary, minha mãe e meu pai, que se foram há tanto tempo - respirou ofegante e continuou. - Claro que gostaria de passar mais tempo com você, ver Sofia crescer, mas já cumpri minha jornada neste mundo. Criei e eduquei você, que se tornou um grande homem, vivi um grande amor e trabalhei no auxílio de tantos pacientes que passaram aqui por este Hospital. Agora, chegou a minha hora, André, por favor, não fique triste. Lembre-se de todos os nossos momentos felizes e cuide de Sofia com todo o seu amor.

André não pôde conter as lágrimas que desciam abundantes pelo seu rosto. Sua mãe estava muito abatida e, certamente, não resistiria por muito tempo. Despediu-se para que ela não se esforçasse muito e sentiu dentro de seu coração, que não a veria novamente com vida.

08

ISOLAMENTO SOCIAL

Marina estava passando por dias terríveis desde que dona Yvone adoeceu. Não estava acostumada a ficar sozinha sem André, e não conseguia se organizar com as tarefas domésticas, compras e cuidados com Sofia. A cadelinha Lili já não passeava há dias e latia sem parar, piorando o clima de tensão na casa.

A casa estava um caos, com roupas sujas espalhadas, louça na pia, móveis empoeirados e frutas e legumes frescos não se viam mais. O *fast food* tornou-se lugar comum para Marina e Sofia. André até tinha levado umas compras para elas no início da semana, mas com sua desorganização, Marina acabou deixando algumas coisas estragarem e não conseguiu manter uma rotina de alimentação como tinha com André.

Sofia estava mal-humorada sem o pai, e por não saber expressar bem suas emoções, acabava não percebendo que estava tornando a vida de sua mãe ainda mais complicada. Marina estava evitando levar preocupações para André, visto que ele estava enfrentando seus próprios problemas que, inclusive, eram muito mais graves do que os dela.

A escola onde Marina trabalhava precisou se reorganizar rapidamente para o novo modo de ensino: as aulas *on-line*. Marina não sabia lidar bem com internet, vídeos, e tinha dificuldades até com o celular. Sem André em casa, e com o mal-humor da filha, ela não tinha quem a auxiliasse. A diretora da escola telefonou para ela e exigiu que ela entrasse em uma reunião virtual onde estavam todas as professoras, porém Marina simplesmente não conseguia se entender com o aplicativo que deveria instalar no telefone e se pôs a chorar. A vontade que tinha era de atirar o celular na parede.

Nesse momento, a campainha tocou e Marina pensou que Sofia havia pedido outro *delivery*. Abriu a porta e viu que era Felipe.

- Felipe, seu pai deixou você vir aqui? Estamos em isolamento.

- Meu pai não deixou, eu vim escondido porque não aguento mais ficar sozinho em casa.

- Ah Felipe, eu sei que é difícil, mas veja bem, todos precisamos ficar isolados para evitar o risco de contaminação por este vírus. É muito perigoso.

Felipe se pôs a chorar e Marina se penalizou com o menino, deixando-o entrar.

- Está bem Felipe, pode entrar, não chore por favor. Estamos todos abalados com esta situação, mas precisamos ser fortes, meu querido.

- Eu sei, tia Marina, me desculpe.

- Já que você entrou sente-se aqui e me ajude a mexer nesse aplicativo.

- O que você precisa, tia?

- Preciso entrar em uma reunião on-line da escola, porém eu não tenho o aplicativo e não sei como colocar isso no meu telefone.

- Eu sei, pode deixar que eu vou colocar para você - disse secando as lágrimas e ajudando sua vizinha e amiga.

Rapidamente Felipe fez o download do aplicativo e Marina conseguiu entrar na reunião. O menino, então, foi até o quarto de Sofia.

- Oi! - cumprimentou, timidamente, a amiga.

- Felipe, que saudade de você - disse Sofia correndo para abraçar o amigo.

- Eu também estava com saudades. Me sinto sozinho e triste todo o tempo.

- Eu também. Sem meu pai aqui em casa tudo está tão triste, bagunçado e feio.

- É muito ruim esse isolamento. Até quando teremos que aguentar isso?

- Meu pai disse que será por quinze dias, mas parece até que o tempo parou. As horas não passam, e os dias menos ainda.

- Também me sinto assim.

- Seu pai deixou você subir aqui?

- Não, eu vim escondido.

- Você é doido Felipe, seu pai vai te dar uma bronca se souber.

- Não ligo, por mim já valeu a pena. Só de ver você e sua mãe, já me sinto feliz.

- Eu também estou feliz em te ver - disse Sofia, abraçando o amigo.

Após alguns minutos, Marina entrou no quarto e disse para Felipe descer antes que seu pai viesse atrás dele.

Felipe obedeceu a Marina e foi embora um pouco mais contente. O isolamento, para as crianças, estava sendo particularmente mais difícil do que para os adultos.

Marina ficou sabendo na reunião, que teria que planejar videoaulas para enviar aos seus alunos, o que a deixou desesperada, pois não fazia ideia de como faria aquilo. Tinha muita dificuldade com o computador e com o celular, e não podia contar com André para ajudá-la. Olhou ao seu redor, viu o caos que estava sua casa, e desejou profundamente, que André retornasse logo, pois ela não estava sabendo lidar com toda aquela confusão. Já era hora do jantar e não havia nada na geladeira.

Ligou para a pizzaria e fez novamente um pedido para o jantar. Se André visse sua situação, a recriminaria, mas não tinha cabeça para organizar nada sozinha.

- Sofia, vá tomar banho, pois a pizza chega em quinze minutos.

- Pizza de novo mãe? Não aguento mais pizza.

- Se você não aguenta, vá e prepare sua própria comida! Você já tem idade para me ajudar a cuidar da casa, mas só fica andando de um lado para o outro e reclamando de tudo. Vá logo tomar seu banho e não me responda.

- Você é a pior mãe do mundo! Eu quero meu pai - esbravejou Sofia.

- Pois sou eu quem você tem para hoje. E eu também quero seu pai, porém ele não pode vir, e nós duas precisamos ter paciência.

- Eu odeio você - gritou Sofia, batendo a porta do banheiro.

Entrou no chuveiro e chorou copiosamente com saudades do pai. A mãe estava cada dia mais nervosa, e nem parecia que há uma semana eles três estavam tão felizes e juntos. Questionava-se até quando duraria aquela situação.

Saiu do banho mais calma, sentou-se com a mãe para comer a pizza que havia chegado e pediu desculpas pelos gritos e pelas palavras que tinha dito.

Marina acenou com a cabeça aceitando as desculpas da filha, mas ao deitar na cama aquela noite chorou muito. Sentia-se triste consigo mesma por estar sem paciência com a filha, e achava realmente que era a pior mãe do mundo.

Durante a noite, com o desprendimento do corpo, Marina encontrou-se com seus Mentores. Eles a acalmaram e a fizeram recordar de suas responsabilidades, principalmente naquele momento difícil que ela passava com a pandemia. Precisaria ter força para enfrentar os percalços que ela sabia que viriam pela frente, e que não seriam nada fáceis, mas era chegada a hora de sua missão ser cumprida. Era necessário recordar dos erros do passado para compreender a necessidade das provações que estavam começando.

Lembrou-se de sua vida, exatamente do dia em que Moisés tinha aparecido em sua casa e prometido enviar Berenice para buscá-la a meia noite.

Marina tinha ficado inquieta e indecisa. Observou sua casa humilde, seus móveis simples, sua filha correndo no quintal empoeirado, e sabia que nunca seria feliz ali. Ela queria mais, queria ser como aquelas moças que via na cidade com seus belos vestidos, enfeitadas, elegantes e deitou-se na cama imaginando como seria ser dona daquele enorme palácio, cheio de empregados a servindo e aquele homem magnífico aos seus pés.

Seus pensamentos foram interrompidos por André, que chegava da cidade. Com suas roupas humildes e gastas, sujas pela poeira da estrada, em nada se parecia com Moisés. Marina já não conseguia sentir amor ou desejo pelo seu marido depois de ter estado nos braços de Moisés. Não aguentaria aquela vida humilde e aquele marido sem graça por muito tempo. Tinha carinho pela filha, mas sabia que ela estaria bem com o pai, e provavelmente nem sentiria sua falta. Assim, decidiu partir.

Berenice apareceu um pouco antes da meia noite. Marina não levou absolutamente nada, simplesmente subiu na carruagem e foi embora sem olhar para trás. Não queria levar nada que a fizesse lembrar daquela vida miserável.

Moisés a aguardava ansiosamente no palácio e mandou servir um jantar especialmente para Marina, além de mandar trazerem os mais elegantes vestidos para que ela abandonasse suas vestes simples.

Marina mal pôde acreditar que moraria naquele grande palácio, e aceitou com alegria todos os presentes oferecidos por Moisés. Sabia que havia nascido para o luxo e para a riqueza. Vestiu todas as roupas que ganhou e envaideceu-se em frente ao espelho. Estava mais bonita do que nunca. Não sentia nenhum remorso por abandonar seu marido e sua filha, e só pensava na vida de riqueza que finalmente viveria.

Moisés via Marina como um brinquedo e pretendia usá-la até cansar-se dela. Após alguns meses, ele viajaria novamente e se livraria dela, pois jamais se casaria com uma humilde camponesa.

No dia seguinte, André acordou e procurou pela esposa por toda parte desesperadamente. Entretanto, ninguém havia visto Marina pelas redondezas. Pensando no pior, achou que algum animal a haveria atacado, pois ali viviam alguns animais selvagens, e não era incomum que alguns deles aparecessem buscando alimento por ali.

Sofia desconfiou, pois era uma menina muito sagaz. Lembrou-se da suspeita visita de Moisés no dia anterior, e reparou como sua mãe ficou estranha após o encontro com aquele homem rico e bonito. Porém, resolveu não falar nada com seu pai, pois poderia estar enganada. Disse apenas para que seu pai a procurasse na cidade.

– Na cidade? O que ela estaria fazendo lá?

– Não sei papai, a mamãe gosta tanto de ir até a cidade, não custa tentarmos procurá-la.

– Sim, vou pegar a carroça e você vai comigo.

Após algumas horas, Sofia chegou perto do palácio e ouviu os empregados comentando a respeito da pobre mulher que Moisés havia levado para casa, e que ela já estava vestida e se portando como dona do palácio. A menina aproximou-se dos empregados perguntando pelo nome da mulher, e eles não hesitaram em responder que ela se chamava Marina, confirmando as suspeitas de Sofia.

Ela contou tudo ao seu pai, que não podia acreditar no que ouvia. A sensação era que alguém o apunhalava no peito, tamanha a sua dor. Ele ficou próximo ao palácio para ver se seria verdade aquilo que seus ouvidos não queriam ouvir e que seu coração se recusava a acreditar. Passadas algumas horas, Marina apareceu nos jardins bem vestida e penteada. Ela sorria e parecia estar muito feliz.

Os amigos da família ficaram sabendo do ocorrido e André não sabia como ocultar a vergonha de ter sido traído e abandonado por um homem mais rico que ele. Ficou tão triste, que perdeu as forças para trabalhar e suas plantações ficaram abandonadas, até não sobrar mais nada. Sofia tentou recuperar algumas das verduras e legumes, porém, sozinha, não conseguiu levar adiante o sustento da família. Ao ver o pai definhando dia após dia, ela prometeu vingança contra aquele homem que havia causado tanta dor à sua família. Passados alguns meses, Sofia enterrava seu pai e se via solitária, sem ninguém para amparar sua juventude. Fechou a casa e foi para a cidade. Lembrou-se de um casal de conhecidos de seu pai que morava nos arredores da casa de Moisés e que sempre o cumprimentavam, recordando-se que a dona da casa era sempre muito carinhosa com ela, oferecendo suco e lanches sempre que André a levava durante a entrega de suas verduras. Procuraria aquela senhora para auxiliá-la, quem sabe encontraria um abrigo por lá?!

* * *

Marina despertou animada no dia seguinte, sem conservar recordações de seu sonho, mas com uma grande vontade de reagir e cumprir suas obrigações de dona de casa, mãe e professora. Abriu as cortinas e deixou a luz do sol penetrar em seu quarto, fechando os olhos e absorvendo as boas energias do sol e da suave brisa da manhã.

Trocou de roupa e colocou os lençóis de sua cama e toda a roupa suja que encontrou pela casa, na máquina de lavar. Fez um café, achou uma acerola congelada e fez um suco natural para Sofia. Lavou toda a louça suja da pia, trocou a água e colocou ração para Lili, que parecia desanimada aquela manhã.

Sofia acordou com o barulho do aspirador de pó que Marina passava na sala e, ficou feliz ao ver a casa minimamente limpa e organizada.

- Suco natural? Não acredito que temos uma mesa de café da manhã! O que houve, o papai voltou?

- Não, apenas acordei mais animada hoje. Não podemos nos entregar ao desânimo e à tristeza.

- Que bom, mamãe, vou tomar meu suco e vou te ajudar com as tarefas de casa.

Marina abraçou a filha e ficou orgulhosa ao ver como ela estava sendo compreensiva com toda a difícil situação pela qual estavam passando.

Na casa de Carol e Vivian, o clima estava tenso entre as duas. Após o acidente ocorrido com Maurício, elas entraram em isolamento social e Carol precisou trabalhar em regime de teletrabalho. Estava tendo dificuldade para conciliar o trabalho, que exigia muita concentração dela, com as tarefas domésticas e cuidados com a filha, que ainda estava com a perna imobilizada e precisava de auxílio para executar as mais simples ações.

Na rotina normal, elas não almoçavam em casa, e por isso ela não costumava cozinhar, porém, por não poderem sair de casa, a hora do almoço passou a ser tumultuada. Carol tinha reuniões intermináveis, enquanto Vivian reclamava e acabava comendo o que encontrava pela casa, atrapalhando todo o plano alimentar da família. A menina estava entediada por não poder ir para a escola, ainda não estavam disponíveis as aulas *on-line*, e nem podia encontrar seus amigos ou passear. Entretanto, seu pai ligou para ela naquele dia dizendo que a buscaria para passearem juntos, e por isso ela estava animada, mas com medo de sua mãe não permitir devido à pandemia e à necessidade de isolamento.

- Nem pensar em sair com seu pai hoje. Diga a ele para passar aqui na quinta-feira, às 17h00, para te levar ao médico, pois estarei trabalhando, ao contrário dele, que tem todos os dias livres para fazer o que bem entende.

- Está bem, mamãe.

O pai aceitou leva-la ao médico e surpreendentemente apareceu no horário combinado na quinta-feira. Foi retirada a imobilização de sua perna e recomendado que ela fizesse fisioterapia por duas semanas.

- Papai, você poderia me levar à fisioterapia? Depois podemos sair para lanchar.

- Infelizmente está tudo fechado e não há uma lanchonete aberta para comermos. Mas, se você quiser, eu te levarei na fisioterapia, sim.

- Eu quero, papai! Obrigada!

Maurício estava se sentindo culpado pelo acidente ocorrido, e procurava fazer de tudo para se redimir com Carol e Vivian. Ele amava muito a filha, apesar dos erros que seu vício o levava a cometer, mas agora estava decidido: Não queria mais beber, queria mudar de vida e seu desejo era sincero.

Levou a filha para casa após o médico e combinaram de, na próxima segunda-feira, irem à fisioterapia juntos.

Vivian chegou em casa feliz e animada, contando as novidades para a mãe.

- Não se anime muito, minha filha. Seu pai pode até aparecer um dia ou outro, mas não conte com ele para seus compromissos, porque infelizmente esta é uma palavra rara no dicionário dele.

- Eu sei, mamãe, mas ele tem estado diferente ultimamente e está mais sério. Eu acho que ele vem sim.

- Tomara que sim, minha filha, apenas não quero que você sofra caso ele não apareça. Mas, se isso acontecer, eu ou sua avó te levaremos, pode ficar tranquila.

- Tudo bem.

* * *

Isolado na casa de dona Yvone, André sentia que o tempo demorava a passar. Cada telefonema recebido fazia com que ele saltasse de susto e preocupação, temendo o pior. Às 14h00, a enfermeira Carmen, amiga de Yvone, telefonou para André:

- André, eu sinto muito, mas você precisa vir ao Hospital agora mesmo. Por favor, não demore.

- Mas estou ainda estou em isolamento.

- Coloque uma máscara e venha assim mesmo. Ao chegar me procure.

Assim que adentrou ao Hospital, ele recebeu a pior notícia de sua vida. Sua mãe não havia resistido a Covid-19 e tinha falecido há poucos minutos. André sentiu o chão abrir por baixo de seus pés. Não podia abraçar ninguém e não sabia o que fazer. Nunca se sentiu tão solitário e desamparado em toda a sua vida. Deixou-se cair ao chão aos prantos, desconsolado.

Foi amparado pela amiga de sua mãe, que o auxiliou com os trâmites necessários para o enterro. Devido à causa do falecimento de dona Yvone ter sido a Covid, o caixão não pôde ser aberto por conta da gravidade da doença e, durante o velório, somente foi permitida a entrada de poucas pessoas, visto que a recomendação de evitarem aglomeração estava vigente.

Foi muito doloroso para André não poder se despedir de sua mãe, não poder falar com ela e nem toca-la pela última vez. Ele estava desolado, e precisou sair do isolamento e se encontrar com sua família, pois não tinha condições de ficar sozinho diante da perda de sua mãe. Tomaram os cuidados necessários, utilizaram máscaras, evitaram beijos e abraços, mas se reuniram para que pudessem auxiliar André naquele momento que, sem dúvida, era o mais difícil de toda a sua vida. Apenas Marina, Everaldo, Moisés e duas primas de dona Yvone compareceram ao funeral e ao enterro. Acharam melhor Sofia ficar na casa de Carol e Vivian, e ela enviou simbolicamente algumas flores para sua avó tão querida.

Como o caixão estava fechado, André levou uma foto de sua mãe sorridente e pôs sobre o caixão dizendo:

– É assim que vou me lembrar de você, mãe, sempre com esse sorriso acolhedor. Mesmo que meus olhos não possam mais te ver, para sempre eu vou te amar – falou entre lágrimas.

No Plano Espiritual, Yvone já havia sido recebida por seus Mentores e seu marido Ary, que a esperava saudoso. Ela ficou muito feliz em reencontrá-lo, e sua despedida do corpo físico foi suave e tranquila. Ela não sentiu dor, nem sofreu, apenas desprendeu-se naturalmente e retomou sua verdadeira vida, a Vida Espiritual.

Sua única preocupação era deixar seu filho, nora e neta desamparados, mas sabia que eles ainda se reencontrariam um dia, pois o amor verdadeiro não acaba com a morte física.

Vô Everaldo amparou André naquele momento difícil, conversando com o genro:

- Sabe André, quando alguém que amamos retorna ao Plano Espiritual, é comum pensarmos e indagarmos porque isso ocorre, porém é importante lembrar que os laços de amor não se rompem com a morte.

- Como não, se ela já não está aqui?

- Não está aqui fisicamente, mas o verdadeiro amor faz com que os seres amados estejam sempre próximos de nós, sentindo nossas alegrias e aflições, recebendo com alegria nossas preces e vibrações de amor, e estão sempre conectados conosco mesmo que não possamos enxergá-los com nossos olhos da carne.

- Mas dói tanto saber que não verei mais minha mãe. Me sinto sozinho, desamparado, é uma sensação de angústia, uma pressão no peito - caiu em prantos novamente.

- Sei o quanto é difícil se despedir de quem tanto se ama e que tanto nos ama. Pode ter certeza que sei exatamente o que você está sentindo, mas saiba que você não está só e nem desamparado, tampouco sua mãe. Tente pensar que não é uma despedida, e sim um até breve, e que vocês um dia estarão juntos novamente. Até lá, procure se lembrar dos momentos bons que viveram, da alegria e da harmonia, pois ela receberá as vibrações desses momentos felizes onde ela estiver.

- Eu vou tentar. Obrigado pelas palavras, vô Everaldo. Foram exatamente essas as últimas palavras que ela disse para mim.

- Por nada, estou aqui para o que precisar. E se me permitir, gostaria de citar um pequeno texto de Emmanuel, psicografado por Chico Xavier, chamado 'Ninguém Morre', da obra *Caravana de Amor*:

"Não reclames da Terra
Os seres que partiram...
Olha a planta que volta
Na semente a morrer.
Chora, de vez que o pranto
Purifica a visão.
No entanto, continua
Agindo para o bem.
Lágrima sem revolta
É orvalho da esperança.
A morte é a própria vida
Numa nova edição[20]".

Nenhum dos presentes conseguiu conter as lágrimas perante a citação do pequeno texto. Vô Everaldo realizou uma prece por sua querida amiga Yvone, prece esta que ela recebeu na Espiritualidade como se estivesse sendo abraçada por seus amigos e familiares.

Vô Everaldo citou Allan Kardec para André e seus familiares, com a questão 934, de *O Livro dos Espíritos*, onde ele questiona: "*A perda dos entes que nos são caros não constitui para nós legítima causa de dor, tanto mais legítima quanto é irreparável e independente da nossa vontade? Essa causa de dor atinge assim o rico, como o pobre, representa uma prova, ou expiação, e comum é a lei. Tendes, porém, uma consolação em poderdes comunicar-vos com os vossos amigos pelos meios que vos estão ao alcance, enquanto não dispondes de outros mais diretos e mais acessíveis aos vossos sentidos*[21]". E falou sobre a importância de não se deixar levar pela dor,

20 EMMANUEL. **Caravana de Amor,** psicografia de Francisco Cândido Xavier. Editora IDE: Araras/SP. 1985.

21 KARDEC, Allan. **O Livro dos Espíritos,** tradução de Guillon Ribeiro. Editora Letra Espírita: Campos dos Goytacazes/RJ. 2022, p. 338.

citando também a questão 936: "*Como é que as dores inconsoláveis dos que sobrevivem se refletem nos Espíritos que as causam? O Espírito é sensível à lembrança e às saudades dos que lhe eram caros na Terra, mas uma dor incessante e desarrazoada o toca penosamente, porque nessa dor excessiva, ele vê falta de fé no futuro e de confiança em Deus e, por conseguinte, um obstáculo ao adiantamento dos que o choram e talvez à sua reunião com estes*[22]".

Após o enterro, André retornou para a casa da mãe, arrumou as coisas dela em caixas para doação, e seu sogro levou todos os objetos, roupas e móveis para um bazar da Casa Espírita que frequentava. Após alguns dias, André continuava abatido, mas felizmente, não apresentou nenhum sintoma de Covid, e pôde retornar para o seio de sua família.

Yvone foi uma das primeiras moradoras da cidade a falecer devido ao vírus da Covid-19 e, após sua morte, o número de vítimas da doença disparou. Os hospitais estavam lotados, a pandemia já havia tomado conta da cidade e todos estavam muito assustados.

A vida da maioria das pessoas estava paralisada. Muitos sem poder trabalhar, as crianças sem poder frequentar a escola, esportes não eram mais praticados, igrejas foram fechadas, bares e restaurantes só podiam funcionar mediante entrega. As ruas estavam vazias e o cenário lembrava um filme de guerra.

A casa das pessoas se tornou um verdadeiro *bunker*, onde se estocava comida, remédios e, por uma razão desconhecida, muitos estocavam papel higiênico! Álcool gel era o item mais precioso, seguido das máscaras, que começaram a ser confeccionadas em materiais laváveis, visto que as descartáveis não conseguiam mais atender à altíssima demanda.

---

22 KARDEC, Allan. **O Livro dos Espíritos,** tradução de Guillon Ribeiro. Editora Letra Espírita: Campos dos Goytacazes/RJ. 2022, p. 338.

Muitos profissionais adotaram o regime de teletrabalho e precisaram se adaptar rapidamente a uma nova forma de cumprirem seus compromissos e jornada profissionais. A tecnologia foi muito demandada e, grande parte das casas, transformou-se em escritório.

Familiares que pouco se viam passaram a ter um convívio forçado vinte e quatro horas por dia, o que para muitos tornou-se um problema. Casais começaram a se divorciar, agressões domésticas dispararam e os idosos ficaram totalmente isolados, pois eram o grupo de maior risco, assim como pessoas com comorbidades que precisavam de maior cuidado e prevenção.

Após trinta dias de isolamento social, as pessoas perceberam que a pandemia duraria mais tempo que o esperado, e começaram a reorganizar suas vidas para enfrentar o que seria um longo tempo.

André não vivenciou um luto adequado, assim como grande parte das pessoas que perderam seus familiares pela Covid, pois o trauma de não ter podido se despedir adequadamente de sua mãe ainda o fazia sofrer, e tornou mais difícil a aceitação de sua perda.

Foi aos poucos, e com o carinho de sua esposa, de sua filha e de seus amigos próximos, que ele foi retomando sua vida. Passou a fazer algumas caminhadas ao ar livre na praia pelas manhãs, e começou a preparar seu consultório para retomar os atendimentos. Quando voltou a trabalhar, ele sentiu-se um pouco melhor, mas ainda estava inseguro e temeroso com o vírus. Seu maior temor era que se contaminasse e, consequentemente, acabasse contaminando sua família. Mas, precisava trabalhar, não apenas pelas necessidades financeiras, mas principalmente, para melhorar seu estado emocional e psicológico.

Marina ainda encontrava muita dificuldade para se adaptar à nova plataforma digital que a escola havia disponibilizado aos docentes. Mas, agora que André estava em casa novamente, ele a estava auxiliando, e até reservou um pequeno cômodo da casa para que ela ministrasse suas aulas *on-line*. Ele arrumou tudo com uma iluminação adequada e desta forma ela se animou com a nova rotina. Gravava suas videoaulas e André editava os vídeos para ela, inserindo recursos visuais e deixando-a mais segura em sua profissão. A rotina da casa entrou nos eixos, André trazia as compras, cozinhava refeições saudáveis, e Sofia voltou a sorrir apesar de toda privação social de amigos, da natação e da escola, além da saudade de sua querida avó que ainda doía em seu coração.

Enquanto isso, a rotina na casa de Moisés e Felipe estava mais complicada. Devido ao medo do contágio, Moisés já não conseguia tantos trabalhos extras nos apartamentos do edifício Bouganville, e sua renda caiu consideravelmente. Como não tinham internet em casa, Felipe passava o tempo totalmente ocioso e entediado, apenas assistindo televisão e reclamando com o pai pela falta dos amigos e das atividades que tinha antes da pandemia. Moisés não tinha o que fazer e mal conseguia pagar as contas de casa. No mês de maio de 2020, sua situação financeira estava tão crítica que ele não sabia se pagava o gás, a luz, a água ou se comprava comida. Internet para eles era luxo, e ele não podia arcar com aquele custo, porém, estava preocupado com o filho que poderia estar estudando ou ao menos se distraindo, caso tivessem acesso a um computador com internet. Entretanto, ele não podia fazer nada, e a escola de Felipe também não havia estruturado nenhum plano de aula *on-line*. Estavam sem aula e sem nenhuma perspectiva de retorno tão cedo.

Moisés não deixava Felipe ir à casa de Marina nem de Carol, pois sabia que precisavam evitar socialização o máximo que pudessem naquele momento, e tinha muito medo de ficar doente, pois caso acontecesse algo com ele, seu filho seria órfão de pai e mãe, ele não poderia deixar isso acontecer. Por tudo isso, tomava todas as precauções e cuidados para evitar uma contaminação com aquele vírus tão perigoso.

Ao assistir o noticiário ficava espantado e temeroso com tudo o que estava acontecendo, e a morte de dona Yvone agravou seu medo de adoecer. Todas as noites, ajoelhava no chão e rogava a Deus que permitisse que ele tivesse saúde e força para poder cuidar de seu filho. Mas, ao acordar e ligar a TV, seu coração ficava apertado, ao mesmo tempo que o preocupava a ausência de serviços extras. Por outro lado, achava melhor assim, pois refletia sobre o que aconteceria caso se ele entrasse em algum apartamento cujo proprietário estivesse doente. E se a pessoa estivesse com o vírus e sem sintomas? E se ele encostasse em um objeto contaminado pelos corredores? Andava com um vidro de álcool 70 e o passava nas mãos o tempo todo, trocava sua roupa na porta de casa e já a colocava para lavar, além mudar de máscaras de duas em duas horas. Orientava Felipe a não ir à casa de ninguém, porém sabia que ele dava umas escapadas para ver as amigas, o que para sua saúde mental era bom, mas Moisés temia que ele pegasse a doença na casa delas. Eram tantas preocupações na sua mente, que ele passou a não dormir bem e a se sentir cada dia mais pressionado por toda aquela situação.

No dia 09 de maio de 2020, Moisés ligou a televisão pela manhã e se assustou. A repórter dizia que o Brasil tinha atingido a marca de mais de dez mil mortes em decorrência do novo Coronavírus, com 730 óbitos confirmados apenas nas últimas vinte e quatro horas. Aonde tudo aquilo iria parar? Será que conseguiriam sobreviver àquele vírus mortal? Observou seu filho que ainda dormia em seu quarto, e não conseguiu conter as lágrimas diante daquele cenário tão desolador que vivia em seu país.

- Que Deus olhe por nós - pensou, desligando a televisão e saindo para trabalhar.

Chegando na portaria, encontrou Marina e Carol que conversavam.

- Bom dia, Moisés, como está? E Felipe?

- Estamos vivos e com saúde, o que já é uma enorme bênção. E como estão as coisas no quinto andar?

- Todos isolados e cabisbaixos, mas com saúde também, graças a Deus - respondeu Marina.

- Isso mesmo, manda um beijo para o Felipe - disse Carol.

- Mando sim.

Carol e Marina continuaram conversando enquanto Moisés seguiu para realizar seu serviço.

- E o Maurício tem aparecido?

- Nada! Veio para levar Vivian em três sessões da fisioterapia e sumiu. Isso já faz um mês.

- E você não tem notícias dele?

- Nem procuro, por mim ele que suma. O problema é Vivian, que fica desiludida com esse some-não-some do Maurício. A menina sofre, coitadinha.

- Ele nem pensa na filha, é impressionante. Como pode ser tão egoísta?

- Vício e mau-caratismo andam de mãos dadas. Infelizmente eu não soube escolher o pai da minha filha, diferente de você que tem um marido maravilhoso.

- É verdade, o André é um pai e um marido maravilhoso mesmo. Quando ele ficou na casa da mãe por quinze dias, eu achei que ia enlouquecer. A casa virou um caos, eu não conseguia resolver nada sozinha e Sofia parecia uma adolescente rebelde. Nem gosto de me lembrar daqueles dias. Graças a Deus ele voltou e, assim, a paz retornou ao meu lar.

- Que bom! Valorize sua família, porque nem todos têm a mesma sorte.

- É verdade. Vou subir, porque Lili não para de latir e daqui a pouco a senhora do 101 vem aqui reclamar da gente.

- Está bem, nos falamos depois - respondeu Carol, em meio aos latidos de Lili. Ela sorria, sem saber que Maurício estava prestes a aparecer naquele dia, e levaria sua paz mais uma vez.

09

VÍCIO E CONSEQUÊNCIAS

Carol saiu do edifício para ir até a rua comprar algumas coisas. Era sábado de manhã bem cedo, e ela deixou a filha sozinha dormindo por alguns instantes. Assim que virou a esquina, ela avistou Maurício sentado em um banco da praça com outros homens bêbados que falavam alto. Claramente haviam passado a noite bebendo. Viu os olhos vermelhos dele. Conhecia bem aquela expressão e sabia que era prenúncio de problemas.

Virou o rosto para o outro lado na esperança que ele não a visse, mas já era tarde demais. Ele gritou o nome dela do outro lado da rua e veio se aproximando.

- Não fuja de mim, Carol, espere, eu sei que você me viu - gritou ele.

- Não estou fugindo, só tenho mais o que fazer do que ficar de papo com você - respondeu ela.

Ele a segurou violentamente pelo braço.

- Eu disse para você esperar - esbravejou olhando no fundo dos olhos dela com autoridade.

Carol sentiu seu corpo inteiro estremecer. Estava totalmente vulnerável e conhecia bem aquela sensação. Era por esse motivo que havia se separado dele, mas, mesmo separados, Maurício não a deixava em paz. Sentiu as lágrimas brotando de seus olhos e viu que na rua não havia ninguém para defendê-la. Precisava convencer Maurício a deixa-la ir, com muito jeito para a situação não piorar.

- Maurício, me solta, por favor. Mais tarde conversamos, pode ser? Estou atrasada agora.

- Atrasada para quê? Hoje é sábado. E onde está minha filha?

- Está em casa.

- Então eu vou lá pegar ela.

- Maurício, você está bêbado, não vai buscar a menina assim. Mais tarde conversamos, pode ser?

- Eu pego a minha filha a hora que eu quiser e você não vai me impedir.

- Eu não vou te impedir, só quero que você raciocine e entenda que agora não é o melhor momento.

- Você não manda em mim e digo mais, você não manda em nada, você é um nada - gritava descontrolado enquanto segurava e sacudia ela pelos braços.

- Me solta, Maurício - Carol implorava, chorando.

- Ei Maurício, vai com calma aí - gritou um dos homens que estava do outro lado da rua, e que havia passado a madrugada bebendo com ele.

- Vou com calma sim, pode deixar - empurrou Carol violentamente no chão, e ela acabou machucando o braço e o rosto na queda. Suas coisas caíram da bolsa e ele ainda chutou a bolsa para o meio da rua.

Maurício saiu rindo e voltou totalmente transtornado para a praça a fim de continuar se embriagando.

Transeuntes que passavam olharam com pena, mas preferiram não se envolver por medo da reação de Maurício, que estava obviamente alcoolizado e violento.

Carol, humilhada e chorando, recolheu suas coisas do chão, levantou-se e saiu apressadamente com medo que ele voltasse. Saiu caminhando pela rua e nem se lembrava para onde estava indo. Ninguém a ajudou, estava completamente sozinha, humilhada, triste, fragilizada e vulnerável. Não podia contar com ninguém para defendê-la. Não sabia para onde ir, e resolveu voltar para casa.

O seu arrependimento por ter se envolvido com Maurício era enorme, e ainda tinha tido uma filha com ele, o que os ligava para o resto de suas vidas. Ela amava a filha de todo o seu coração, e não se arrependia de ter tido Vivian, era muito grata a Deus por sua vida, mas gostaria de ter escolhido um pai diferente, que fosse bom, prestativo e amoroso, não um viciado agressivo, como Maurício. Ela o odiava com todas as suas forças e, quando chegou ao prédio, respirou aliviada sabendo que ali ele não entraria.

Questionava-se até quando teria que viver daquela maneira. Era uma pessoa íntegra, profissional capaz, uma mulher respeitada, porém precisava viver fugindo de um homem que ela não sabia do que era capaz, e ela não duvidava que ele pudesse fazer algo pior a ela ou colocar sua filha em risco. Infelizmente, Maurício estava cada dia mais fora de controle, e não havia nada que ela pudesse fazer. Pensou em denunciá-lo, pedir uma ordem de restrição contra ele, mas sabia que isso, na prática, não adiantaria nada, afinal, ela precisaria conviver com ele, por terem uma filha juntos. Não havia como mudar isso.

Subiu pelo elevador ainda transtornada. Chegou em seu apartamento, tomou um banho, passou um medicamento nas feridas da perna, trocou a roupa, passou uma maquiagem leve para disfarçar o rosto inchado de chorar e preparou o café da manhã da filha, que nem imaginava o que tinha acabado de acontecer com sua mãe.

Mais tarde, procurou a amiga Marina para desabafar. A vizinha ficou indignada com aquele ato violento de Maurício e queria, de qualquer forma, que Carol o denunciasse. Mas, Carol não concordou, com medo de piorar a situação.

– Mas, como você vai viver desta maneira, temendo até sair para ir a uma farmácia?

– Não tenho o que fazer! Eu precisarei conviver com ele pelo resto da minha vida. Infelizmente, não há como voltar no tempo pois, caso pudesse, eu jamais teria me envolvido com alguém como ele.

– Mas você precisa dar um jeito de se defender. Você é advogada e conhece as leis. Não há nada que possa ser feito?

– Sim, eu posso denunciá-lo, passar pelo constrangimento de realizar um exame de corpo de delito, encarar uma delegacia e, no fim das contas, pegar uma ordem de restrição que não será efetiva, pois ele virá buscar a filha e chegará perto de mim de qualquer forma. A concessão da medida protetiva, com base na Lei Maria da Penha, é imediata, sendo que a determinação é do impedimento de contato com a vítima e com seus familiares. Porém, como não há nada que desabone a conduta dele com Vivian, a medida protetiva que restringiria sua proximidade comigo não teria o poder de restringir ou suspender o convívio dele com a filha. Desta forma, eu estaria vulnerável da mesma forma. Sinceramente, não acho que valha a pena, e não estou disposta, neste momento, a passar por tudo isso.

– Mas precisa haver uma saída para esta situação. Você não tem medo que aconteça algo pior?

- Acho que não, mas não tenho como ter certeza absoluta.

- Você não tem medo dele?

- Tenho sim, mas tentarei me proteger.

- Se precisar sair para fazer algo na rua, por favor, não vá sozinha. Chame Moisés ou mesmo o André, por favor?

- Pode deixar.

Nos casos em que a genitora sofre violência doméstica e é concedida uma medida de restrição de urgência, sendo avaliado que o genitor não possua um comportamento violento com os filhos, a visita pode ser intermediada por uma terceira pessoa, para que a vítima continue protegida. Desta forma, sempre deve-se denunciar um ato de violência para que o agressor seja punido de forma adequada, e a vítima receba a proteção necessária. Porém, Carol não queria denunciar, não queria que seus colegas de trabalho soubessem pelo que ela tinha passado, sentia-se constrangida, sentia medo do julgamento dos outros, e até mesmo de sofrer algum prejuízo em sua imagem profissional. Preferiu, desta forma, correr o risco de sofrer novo ato de agressão, pois Maurício, nem ao menos pediu desculpas a ela, e mal se lembrava do ocorrido.

Ele continuava com seus atos inconsequentes e agora, além da bebida, havia iniciado o uso de substâncias ilícitas que agravavam seu estado mental, já afetado pelo uso do álcool. Desta forma, passou a atrair companhias espirituais obsessoras que o levavam a consumir mais drogas e mais bebida. Passou dias fora de casa, sem dormir e entregue ao vício. Seu pai não sabia o que fazer, e percebeu que seu filho havia sumido de seu apartamento há dias. Resolveu bloquear seu cartão de crédito, pois sem dinheiro, ele acabaria voltando para casa. Porém, Maurício passou a vender seus objetos de valor, relógios, celular, tênis, tudo para continuar a consumir a droga. Vendeu até mesmo a moto que ele tanto gostava, tamanho era o domínio do vício sobre seu organismo e sua mente.

O dinheiro das vendas acabava rapidamente, devido ao consumo desenfreado que já não conseguia evitar. Quando se esgotaram os objetos para vender, procurou o pai em sua casa. Ao ver o filho naquele estado, se pôs a chorar. Envolvido pelo amor de seu pai, seus sentimentos afastaram os obsessores por alguns instantes, e ele saiu de seu transe. Viu seu reflexo no espelho da sala e assustou-se com sua aparência desleixada.

– Meu filho, o que você está fazendo com sua vida? Destruiu todo seu apartamento com o consumo de drogas, vendeu tudo que você tanto gostava, até mesmo sua moto. Estou sabendo que agrediu a mãe de sua filha, que não quer que você a veja mais. Onde você pretende chegar com este comportamento?

Maurício caiu em si por alguns instantes, e chorou copiosamente pedindo perdão ao pai pelos erros cometidos. Ele dizia não ter mais controle sobre seus próprios atos, que estava completamente dominado pelo vício e sabia que se ficasse sozinho, iria morrer.

O pai resolveu interná-lo em uma clínica de recuperação, e Maurício concordou. Ele procurou a melhor clínica, que ficava em uma cidade próxima, e retornou confiante de que aquilo resolveria o problema de seu filho.

A cidade onde moravam, além de enfrentar os efeitos da pandemia, também enfrentava outra doença, que era a dependência química. Muitos jovens e adultos entregavam-se aos prazeres da carne por meio do consumo de substâncias que, momentaneamente, faziam com que se esquecessem de seus problemas. A questão era que, a longo prazo, elas acabavam trazendo um problema ainda mais grave que qualquer outro que estivessem enfrentando. A sociedade como um todo é afetada quando o vício está presente, pois as consequências do uso de drogas são inúmeras, desde doenças, morte, aumento da violência, prostituição, dentre outras. Como é dito na questão 793 do Livro dos Espíritos: *"(...) não tereis verdadeiramente o direito de dizer-vos civilizados, senão quando de vossa sociedade houverdes banido os vícios que a desonram e quando viverdes como irmãos, praticando a caridade cristã*[23]*"*.

* * *

Dois meses após o início da pandemia, Moisés não sabia como fazer para equilibrar as contas da casa. Além disso, precisava deixar Felipe sozinho grande parte do dia para trabalhar, porque a escola não tinha nem previsão de retomada das aulas. Ele não podia pedir para ninguém tomar conta do filho, estavam todos tentando manter o isolamento social, e ele não tinha a quem recorrer. Marina tentava ajudá-lo, porém ela também estava muito atarefada com a filha e o trabalho, que para ela agora era de casa e, na sua opinião, era muito mais desgastante. Por essa razão, Moisés estava evitando pedir seu auxílio.

Antes de dormir naquela noite, fez uma oração rogando a Deus que o ajudasse na difícil situação em que se encontrava. Precisava comprar roupas para o filho que não parava de crescer. O único tênis que possuía já não cabia nele, o inverno se aproximava, e ele tinha apenas um casaco, que já estava muito gasto e mal cabia em seu corpo. Mas, não havia sobrado praticamente nada do salário naquele mês, e ele não sabia o que fazer para vestir e alimentar adequadamente seu filho.

Na manhã seguinte foi trabalhar e encontrou com Vera, uma senhora que fazia faxina no 202.

- Bom dia Vera, como está?

- Tudo indo Moisés, e você e Felipe, como estão?

---

23 KARDEC, Allan. **O Livro dos Espíritos,** tradução de Guillon Ribeiro. Editora Letra Espírita: Campos dos Goytacazes/RJ. 2022, p. 289.

- Nada fácil por aqui, porém estamos com saúde, que é o mais importante.

- Verdade, para mim também a situação está difícil! A maioria das clientes cancelou as faxinas fixas que faziam, e o dinheiro lá em casa está curto. Ainda bem que o governo liberou o auxílio emergencial, senão, não sei como faria este mês.

- Que bom que você conseguiu o auxílio. Eu não consegui, porque tenho renda fixa aqui do condomínio, mas meus trabalhos extras quase não têm aparecido, e isso fez muita diferença na minha renda.

- Eu imagino.

- Estou precisando comprar roupas para o Felipe e não sei como vou fazer.

- Roupas? A minha igreja tem um bazar onde vendem roupas doadas, muitas vezes até são novas, ou seminovas, mas por preços bem em conta. Vou te dar o endereço, com certeza você encontrará roupas para Felipe. Tem até brinquedos com um preço bom. Eu comprei duas bonecas para minha neta por R$3 reais cada, e um tênis por R$5 reais.

- Que ótimo saber disso, por favor me dê o endereço e irei até lá.

Vera deu o endereço a ele e pai e filho foram até o bazar. Conseguiram comprar dois calçados e duas blusas de frio para Felipe, além de uma calça de moletom e uma calça jeans usada. Felipe encontrou brinquedos a R$1 real e levou para casa uma bola de futebol nova e um skate usado. Retornaram felizes para casa.

- Deus ouviu minhas preces - pensou Moisés, enquanto retornava para casa, vendo o sorriso estampado no rosto de seu filho.

Enquanto isso, Marina sentia falta de suas aulas de *Yoga*, pois estava muito estressada com o teletrabalho e com Sofia em casa todo tempo, demandando sua atenção. A menina ficava entediada sem poder sair e sem ver os amigos e Marina, e André a enchiam de brinquedos, livros, videogame e tudo mais que ela pedia. Só que, mesmo assim, a falta de convívio social afetava fortemente seu humor, e a tensão dentro de casa era grande. Haviam liberado o celular para que Sofia se distraísse, e ela passava o dia assistindo vídeos e conversando com as amiguinhas no aplicativo de mensagens. Antes da pandemia, ela fazia uso restrito do telefone, porém agora, Marina não via outra alternativa para poder trabalhar e cuidar da casa sem que a filha chamasse por ela incessantemente, reclamando o tempo todo de falta do que fazer.

Além disso, eles tinham dispensado a faxineira, mas continuaram pagando seu salário. Entretanto, já estavam entrando no terceiro mês de pandemia, e Marina não tinha mais condições físicas e mentais de dar conta de tudo. André passava o dia fora trabalhando, e acabava sobrando para ela toda a demanda da casa. Estava a ponto de surtar, tamanho era o trabalho e a pressão psicológica que sentia.

Sentia falta do abraço do seu pai que não via há meses, e também de sua sogra. A única pessoa com quem mantinha um contato mais próximo era Carol, pois as duas não conseguiram manter-se isoladas. Acostumaram-se a visitar-se aos finais de semana e uma auxiliava a outra conversando, aconselhando ou simplesmente dando risada da situação difícil em que se encontravam. Assim, Sofia e Vivian também brincavam um pouco juntas, e sempre davam um jeitinho de chamar Felipe para se verem um pouco. Moisés era bem rigoroso com o isolamento do filho, porém fazia vista grossa para que ele encontrasse Sofia e Vivian. Seria exigir demais do filho que não visse as coleguinhas que moravam no mesmo prédio. O pai se preocupava mais do que as mães das meninas, porque eles não tinham plano de saúde e nem acesso fácil a pediatras e medicamentos. Moisés sabia que se ficassem doentes, seria muito difícil se tratarem, porque se antes da pandemia já era complicado agendar uma consulta médica pela rede pública de saúde, agora então deveria estar bem pior. Marina e Carol não sofriam da mesma preocupação, pois tinham plano de saúde, o celular das pediatras das filhas e acesso às consultas médicas pela internet, a qualquer momento que precisassem.

Em relação aos estudos, Felipe estava bem atrasado em relação às amigas, pois as escolas particulares em que elas estudavam tinham implementado as videoaulas desde a primeira semana do isolamento social, enquanto a escola de Felipe, que era pública, havia liberado somente algumas apostilas aos alunos. Sobre as videoaulas, Felipe nem sabia dizer, pois não tinha acesso à internet e nem a *smartphones* ou *notebook* para estudar. Havia abandonado os estudos desde março, e não encontrava motivação ou auxílio para que continuasse acompanhando a classe.

"Todo ser humano tem direito a um padrão de vida capaz de assegurar-lhe, e a sua família, saúde e bem-estar, inclusive alimentação, vestuário, habitação, cuidados médicos e os serviços sociais indispensáveis, e direito à segurança em caso de desemprego, doença, invalidez, viuvez, velhice ou outros casos de perda dos meios de subsistência em circunstâncias fora de seu controle[24]*".*

* * *

Berenice e Oseas acompanhavam a situação de Moisés e Felipe, e os auxiliavam no que podiam.

- Moisés há de vencer as provações, ele veio para esta encarnação bem preparado para enfrentar todas as adversidades após todos os erros que cometeu no passado.

- Sim, tenho certeza de que ele irá vencer.

---

24 Artigo XXV da Declaração Universal dos Direitos Humanos.

Em sua encarnação como um rico comerciante e sedutor de mulheres, Moisés havia alcançado com êxito seu intento de tomar a esposa de André para si, apenas para a satisfação de seus caprichos. Havia dado a ela vestidos, joias e uma vida de rainha, mas já era hora de retomar suas viagens e precisava achar um jeito de dispensá-la, pois quando retornasse após alguns meses, queria encontrar uma nova mulher para satisfação de seus prazeres.

Foi então que avisou aos empregados que cuidassem de seu palacete, mas que o mantivesse fechado para visitas. Berenice ficaria governando a casa em sua ausência, assim como já era de seu costume e ele a pediu que se livrasse de Marina, e caso ela aparecesse por ali, estava proibida de entrar. Chamou sua amante para sua última noite juntos e, logo pela manhã, disse friamente que iria viajar por meses e que sua casa ficaria fechada até segunda ordem.

- Mas, eu posso ficar aqui e tomar conta da casa para você, meu amor.

- Não Marina! Quando viajo não gosto de ninguém circulando pela minha residência sem a minha presença. Desta forma, pagarei para que você fique em uma hospedagem fora da cidade e, quando eu retornar, veremos o que fazer.

Marina não compreendeu que o amante procurava uma forma de dispensá-la. Ingenuamente reuniu seus pertences e foi até a hospedagem indicada por ele. Porém, após algumas semanas ela percebeu que suas regras não vinham, o que certamente indicava que ela estaria esperando um filho de Moisés.

Mal podia conter a alegria, e esperava ansiosamente pelo seu retorno para dar aquela notícia a ele. Mas, os meses se passaram e nada de Moisés retornar. Já com a gestação avançada, ela decidiu ir até a cidade buscar por notícias dele. Qual não foi sua surpresa ao descobrir que Moisés havia retornado e não tinha nem ao menos a comunicado. Foi até o palácio e avistou Berenice pelo portão:

- Ei, Berenice, sou eu, Marina, abra o portão.

- Dona Marina, Moisés deixou ordens para que a senhora não entre aqui.

- Como assim? Sou a mulher dele.

- Sinto muito, dona Marina. Assim como a senhora, o senhor Moisés já teve dezenas de mulheres, e todas têm o mesmo fim. Achei que a senhora soubesse.

- Não, eu não sabia disso! E além disso, eu estou esperando um filho dele. Ele não há de me deixar assim!

- Eu não posso fazer nada pela senhora, sinto muito - retornou para dentro da luxuosa residência.

- Eu não vou sair daqui enquanto você não chamar o Moisés - gritou Marina, desesperada. - Eu tenho direito de falar com ele!

Por ordem de Moisés - que não quis nem ouvir falar de Marina e nem de filho algum - Berenice pediu que os empregados a retirassem a força e que lhe avisassem que se ela retornasse novamente, Moisés deixaria de pagar por sua hospedagem e sua alimentação, o que ele ainda fazia por generosidade, de acordo com ele.

Marina saiu desorientada pelas ruas pensando no que faria sozinha, e com um filho para criar. Lembrou-se de sua casinha humilde, de sua pequena Sofia e do marido André que tanto a amava. Certamente eles a acolheriam novamente.

Conseguiu uma carona com um carroceiro e foi até a antiga residência. Chegando lá, mal pôde acreditar no que via. O quintal estava todo tomado pela vegetação e a casa estava abandonada. Foi até a casa da vizinha mais próxima, e ela lhe contou com frieza sobre a morte de seu marido.

- E Sofia, onde está?

- Dizem que foi para a cidade, mas nunca mais tive notícias dela.

– Certamente ela iria me procurar. Onde estará minha pobre Sofia? Preciso encontrá-la.

A vizinha não deu muito assunto, pois todos os que moravam na região achavam um absurdo a fuga de Marina e o triste fim de André e Sofia. Ninguém a amparou naquele momento.

Ela tentou procurar a filha, mas sem sucesso. Sem dinheiro e com a gravidez avançada, retornou para a hospedagem com dificuldade e entrou numa forte depressão. Não via saída para sua situação, estava totalmente desamparada, sozinha, os antigos amigos não lhe deram a menor atenção, a filha estava desaparecida e o marido morto. Como poderia cuidar de um bebê e de si mesma sozinha? Sabia que, àquela altura, Moisés já deveria estar com outra amante, e não conseguiria nem mesmo falar com ele. Precisaria ficar aceitando as migalhas naquela pobre hospedagem pelo resto da vida?

Não conseguia parar de pensar em como tinha sido leviana e estúpida por cair na tentação da carne, e nos braços daquele homem sedutor e vil. Se pudesse voltar no tempo, teria valorizado sua família e jamais teria abandonado seu lar que, apesar de humilde, era cheio de amor.

Chorava copiosamente sentada na varanda de seu pequeno quarto, de onde via uma ponte que passava por cima de um rio. Como chovia muito naquele dia, as águas do rio estavam agitadas e ela não pensou duas vezes. Correu embaixo da chuva até a ponte e se atirou no rio, afogando-se rapidamente. Seu corpo foi encontrado no dia seguinte pelo dono da hospedaria. Nem Marina e nem o bebê haviam sobrevivido.

A notícia de sua morte não foi muito comentada, visto que era uma mulher humilde e sozinha. Porém, Sofia descobriu através de empregados da casa de Moisés que a mãe havia sido abandonada por ele grávida e tinha se suicidado. O ódio por aquele homem dominou seu coração de vez, e ela jurou que faria de tudo para vingar a morte de seus pais e a destruição de sua família e de sua vida.

No Plano Espiritual, Marina sofreu revivendo seu afogamento repetidamente por anos e anos. Tentava sair do rio e não podia, tentava respirar e sentia-se sufocada. Não conseguia sair daquela situação, por mais que assim desejasse e até mesmo implorasse. Ninguém parecia ouvir seus gritos e lamentos sufocados pela água revolta daquele rio. O pobre Espírito de seu filho Felipe, foi acolhido rapidamente por Espíritos Superiores. Entretanto, por não aceitar sua morte causada pela própria mãe, aquela que deveria acolhê-lo, protegê-lo e amá-lo, passou a procurar Marina para vingar-se. Após muito sofrimento, por anos a fio envolvidos em raiva, dor, remorso e falta de amor, os dois finalmente arrependeram-se de seus atos, e foram resgatados. Cada um foi conduzido para um local de tratamento diferente para se recuperarem. Felipe, no fundo amava Marina, e desejava ser acolhido em seus braços como filho. Porém, ela ainda não estava preparada para recebê-lo como mãe, e o planejamento reencarnatório dos dois fez com que, na presente vida, viessem próximos um do outro para construírem novos laços afetivos aos poucos. Dispondo do livre-arbítrio, Marina apenas conseguiria desenvolver afeto e auxiliar Felipe em sua jornada, como um menino humilde e órfão de mãe, caso seu coração fosse realmente tocado e ela assim o desejasse. E foi desta forma que os dois se reencontraram na atual encarnação.

10

PANDEMIA: DESAFIO PARA A HUMANIDADE

Maurício havia sido internado há algumas semanas na luxuosa clínica para dependentes químicos que era custeada pelo seu genitor. Por conta da pandemia e do isolamento social, as visitas estavam suspensas, e Maurício já não suportava a saudade que sentia de sua filha. Quando estava sóbrio, sentia-se mais sensível, e ele mesmo não podia compreender como se deixara levar daquela forma pelas garras do vício.

Estava fazendo terapia, sendo medicado, fazia exercícios e trabalhos artesanais na clínica. Sentia-se em paz consigo mesmo, e sonhava com o dia em que teria alta para que pudesse levar Vivian para passear, pedir perdão a Carol e tentar retomar sua vida. Quem sabe seu pai devolveria o cargo que tinha abandonado na empresa e, assim, ele terminaria o MBA que tinha iniciado antes do divórcio.

Sabia que não tinha sido um bom marido. Tinha errado muito com Carol e com a filha, mas após o divórcio sua vida piorou drasticamente. Abandonou o emprego na empresa de seu pai, abandonou os estudos e só bebia, ia a bares e festas cercado de más companhias que se aproveitavam de sua condição financeira para satisfazer seus próprios vícios, apenas se relacionavam com ele por interesse. Mulheres vulgares, viciados, drogas e ambientes pesados passaram a fazer parte de sua rotina diária, e só agora ele se dava conta de como aquilo tudo o fazia mal.

Não viu que o caminho que estava seguindo o prejudicava cada dia mais e o afastava daqueles que o amavam verdadeiramente. Já tinha perdido o amor de Carol, e esperava que o de Vivian, ainda resistisse a todos os seus erros.

Observando o belo jardim da clínica, as flores, as árvores, as borboletas e os pássaros que por ali voavam, sentia-se em paz. Não precisava de bebida, de drogas ou de mulheres diferentes a cada dia para ser feliz. Precisava apenas daqueles que o amavam, e de ter a consciência tranquila.

Porém, tudo na vida traz consequências, seja para o bem ou para o mal. O mal que se pratica contra os outros ou contra si mesmo vem cobrar sua conta. É a lei de causa e efeito agindo na vida dos seres humanos, e com ele não seria diferente, pois os crimes e erros cometidos por Maurício não ficariam impunes. Como disse Jesus: "*todo aquele que pratica o pecado é escravo do pecado*" (João, 8:34) e, desta forma não há como escapar da Justiça Divina e das Leis de Deus.

A Doutrina Espírita esclarece a respeito do motivo de cada ser humano passar por diferentes provações, sendo elas o resultado das atitudes de cada um, seja no presente ou em um passado remoto, mas sempre são consequências das infrações às Leis de Deus.

Desta forma, deve-se sempre recordar das palavras de Jesus, não importa a situação: "*Fazei aos homens o que gostaríeis que eles vos fizessem, pois é nisto que consistem a lei e os profetas*[25]". Agindo desta forma, o homem colherá apenas bons frutos, que ele próprio terá plantado ao longo da sua caminhada evolutiva, e nada haverá de temer. Compreendendo a razão de suas vicissitudes na atual encarnação, ele tem maior aceitação e serenidade frente às provações que enfrenta, encarando-as com coragem e resignação.

Assim, Maurício sabia, no fundo de sua alma, que precisaria enfrentar as consequências de suas atitudes erradas, e buscava se fortalecer durante aqueles dias de repouso para, futuramente, aceitar as provações que viessem em sua vida.

* * *

Carol e Vivian viviam dias de paz em sua casa devido à internação de Maurício na clínica. O pai dele havia comunicado à ex-nora a respeito da situação, e ela estava aliviada por saber que o genitor de Vivian não apareceria embriagado de surpresa, e sem precisar temer ser surpreendida por ele na rua e ser agredida como da última vez. Vivian não sabia sobre o problema do pai. Ainda era muito pequena para entender, mas sabia que ele estava adoentado e se tratando em uma outra cidade e que, por este motivo, não estavam saindo juntos. Apesar de amar o pai e de gostar muito de sua visita, a instabilidade de sua presença e de seus telefonemas a deixavam tensa e ansiosa. Mas, dessa vez, sabia que ele não apareceria nas próximas semanas e isso a deixava mais calma e tranquila.

---

25 Mateus - 7:12

Marina e André haviam se adaptado na medida do possível à nova rotina. André continuava trabalhando em seu consultório e atendia aos seus pacientes seguindo todos os protocolos exigidos. Marina lecionava de casa em regime de teletrabalho, enquanto Sofia estudava por videoaulas e auxiliava a mãe nas tarefas domésticas e até na preparação de aulas. Ela sentia muita falta de seus amigos e das aulas de natação que ela tanto gostava, mas entendia que o isolamento era necessário para evitar uma possível contaminação, o que eles temiam muito, principalmente após o desencarne de dona Yvone.

Vô Everaldo sentia falta de seu trabalho na Casa Espírita, que estava fechada desde o início do isolamento. Algumas atividades estavam sendo retomadas aos poucos, em novo formato. As palestras passaram a ocorrer em *lives* nas redes sociais e Everaldo, assim como outros idosos, tinha um pouco de dificuldade para compreender como participar, mas alguns jovens tinham enviado um passo a passo a eles em um grupo do aplicativo de mensagens. Pouco a pouco, ele também foi se adaptando à nova realidade.

Sua melhor companhia naquele momento eram seus livros. Lia obras Espíritas de estudos doutrinários, romances, devorava artigos e revistas semanalmente. Estava aproveitando o tempo de isolamento para se instruir, pois agora tinha mais tempo livre do que antes, visto que praticamente não saía mais de casa. Suas saídas eram apenas para fazer compras quinzenalmente, ir à padaria ou à farmácia. Marina tinha dito a ele que procurasse fazer ao menos uma caminhada ao ar livre de vez em quando, o que ele achou uma ótima ideia, e assim estava fazendo em dias alternados pela manhã.

Usando máscara, caminhava pela orla da praia que não era muito longe de sua casa. Este hábito, aliado às suas leituras e ao estudos *on-line* da Casa Espírita, não deixaram que sua saúde mental e física fosse tão afetada pelo longo isolamento a que estava submetido, visto que ele morava sozinho e evitava encontrar seus familiares e amigos, seguindo as recomendações adequadas. Mas, sentia muita falta de sua neta, sua filha e seu genro, além de seus amigos. Como queria abraçar e receber um abraço! Seu coração ficava apertado de saudade de todos, porém precisava se cuidar. Não queria ficar doente, pois em sua idade sabia que seria muito arriscado não se proteger.

Assim a vida seguia no edifício Bouganville, enquanto o Brasil enfrentava o pior desafio de sua história. No mês de junho de 2020, o mundo atingiu o número de dez milhões de infectados, e registrava mais de quinhentas mil mortes. No dia 12 de junho de 2020, e com mais de quarenta mil mortes[26], o Brasil superou o Reino Unido e se tornou o segundo país com mais mortes por Covid-19 no mundo, ficando atrás apenas dos Estados Unidos, de acordo com o Relatório da OMS. E a pandemia ainda estava muito distante do fim.

Naquele dia André, chegou em casa cansado do trabalho, tomou seu banho, colocou sua roupa para lavar como de costume, e jantou junto a sua família. Sofia estava feliz, pois sua aula de Evangelização havia recomeçado por meio virtual, e ela viria os amigos da Casa Espírita pela tela do celular. A aula tinha sido ótima, e ela fez até mesmo a prece final, sendo muito elogiada pela evangelizadora. Contou tudo isso ao pai, muito sorridente.

– Ah minha filha, você só me dá orgulho. Que bom que suas aulas retornaram.

---

26 G1. **Brasil tem 41.058 mortes por Covid aponta consórcio de veículos da imprensa (atualização das 08h).** Disponível em: https://g1.globo.com/bemestar/coronavirus/noticia/2020/06/12/brasil-tem-41058-mortes-por-covid-aponta-consorcio-de-veiculos-de-imprensa-atualizacao-das-8h.ghtml. Acesso em: 18 de janeiro de 2023.

- Sim, vô Everaldo me ligou avisando, e eu consegui entrar na aula ao vivo e rever meus colegas. Todos gostaram do meu novo corte de cabelo, mamãe.

- Que bom, devagar a gente vai acertando - disse Marina, que havia arriscado cortar o cabelo da filha em casa mesmo, já que os salões de cabeleireiro permaneciam todos fechados.

- O meu ninguém elogiou, no entanto ninguém criticou, meu amor.

- Já é um grande avanço - respondeu Marina entre risos.

Terminaram o jantar e Sofia foi para seu quarto dormir. O pai foi até lá para dar-lhe um beijo de boa noite como de costume, e logo ela adormeceu.

André e Marina sentaram-se na varanda em frente ao mar e ficaram abraçados contemplando as estrelas. Havia uma tristeza singela no ar devido à situação do país. Era quase possível tocar nela, mas os dois tentavam se afastar aquele sentimento.

- Enfim sós. Você não achou que eu me esqueceria que hoje é dia dos namorados, não é? Feche os olhos.

Marina obedeceu ansiosa para saber que surpresa André tinha reservado para ela.

- Como não podemos sair, vamos improvisar esta noite, meu amor. Pode abrir os olhos - estendeu um embrulho a Marina e, assim que ela abriu os olhos, deparou-se com um lindíssimo vestido de cor turquesa, acompanhado de uma caixinha que continha um colar com uma pedra da cor do vestido.

- Que lindo, meu amor, obrigada!

- Você merece muito mais que isso. Agora vá se trocar, pois a noite está apenas começando.

André colocou uma música para tocar e abriu uma garrafa de espumante para brindarem. Marina entrou na sala belíssima com seu novo vestido ornamentado pela pequena joia, e André a chamou para dançar, não sem antes estender a ela um enorme buquê de flores que perfumou a sala e deixou Marina extasiada de felicidade. Dançaram uma música lenta na sala, brindaram ao dia dos namorados e à sorte de terem se encontrado nesta vida e terem a chance de vivenciar aquele grande amor.

* * *

Moisés passou os últimos meses numa situação financeira difícil, porém com o tempo, os moradores do edifício Bouganville voltaram a chamá-lo para pequenos serviços domésticos. A moradora do 304 resolveu fazer uma horta dentro do apartamento, e o contratou para auxiliá-la. O morador do 401 mudou-se, e o chamou para auxiliar na mudança para a casa nova, o que lhe rendeu um bom dinheiro extra. O casal do 102 teve um problema de vazamento na pia da cozinha, que Moisés prontamente resolveu. Também se ofereceu para fazer as compras semanais de uma senhora que morava sozinha no 104 e que, como era de grupo de risco, estava evitando sair de casa. Felipe acompanhava o pai em muitos de seus serviços, pois desta forma não ficava ocioso em casa e Moisés conseguia terminar os serviços em menos tempo. Ao saber que os dois estavam disponíveis para fazer compras, vários moradores passaram a encomendar suas compras com eles também, e assim passaram a ter um dinheiro extra semanal, deixando-os aliviados do ponto de vista financeiro. Entretanto, Moisés tinha muito medo de se contaminarem, pois tinham que enfrentar aglomerações no supermercado praticamente todos os dias, correndo um grave risco no lugar daqueles que tinham uma condição financeira melhor que a deles. O mesmo ocorria com as senhoras e moças que faziam a limpeza dos apartamentos. A princípio, foram dispensadas, mas após alguns meses de pandemia, poucos estavam dispostos a limpar sua própria casa e retomaram a contratação de faxineiras que, algumas vezes, sem saber, limpavam as casas de pessoas adoecidas pela Covid e acabavam doentes também.

No Brasil, em 2020, de acordo com dados do IBGE, quatrocentos e trinta mil empregadas domésticas com carteira assinada perderam o emprego[27]. Este foi o setor mais impactado pela Covid no país, já que muitos empregadores adotaram o regime de teletrabalho e, por estarem em casa o dia todo, passaram a executar as tarefas domésticas por conta própria. Além disso, muitos dos empregadores temiam que a doméstica levasse para o lar deles o vírus, por conta do deslocamento feito, na maioria das vezes, por transporte público. Se não bastasse, muitas empregadas domésticas faziam parte do grupo de risco, com mais de 60 anos, o que também prejudicou as contratações.

Desta forma, muito além da doença, das mortes e do isolamento, brasileiros ainda precisavam lidar com o desemprego e a falta de condições financeiras para viverem com a mínima qualidade de vida que precisavam. No restante do mundo, a situação não era diferente, pois a pandemia provocou recessões brutais e prejudicou o acesso aos alimentos. Seguindo as tendências atuais, o Estado da Segurança Alimentar e Nutricional no Mundo estima que o Objetivo de Desenvolvimento Sustentável 2 (Fome Zero até 2030) não será alcançado por uma margem de quase 660 milhões de pessoas. Desses 660 milhões, infelizmente, cerca de 30 milhões podem estar ligados aos efeitos duradouros da pandemia[28].

---

27 BRÊTAS, Pollyana. **Domésticas: Categoria é uma das mais prejudicadas com o fim do programa de preservação de empregos; Veja os direitos.** Disponível em: https://extra.globo.com/economia-e-financas/domesticas-categoria-uma-das-mais-prejudicadas-com-fim-do-programa-de-preservacao-de-empregos-veja-os-direitos-24891548.html. Acesso em: 02 de setembro de 2022.

28 UNICEF. **Relatório da ONU: ano pandêmico marcado por aumento da fome no mundo.** Disponível em: https://www.unicef.org/brazil/comunicados-de-imprensa/relatorio-da-onu-ano-pandemico-marcado-por-aumento-da-fome-no-mundo. Acesso em: 16 de agosto de 2022.

* * *

Vô Everaldo havia retomado suas atividades na Casa Espírita de forma remota, e foi convidado a estrear sua primeira *live* em um canal criado exclusivamente para a divulgação da Doutrina Espírita.

André, Marina e Sofia se reuniram na sala de casa para assistirem a *live*, cujo tema era "Espíritas nos tempos de pandemia", e André preparou até uma pipoca para a ocasião. Vô Everaldo iniciou a *live* respondendo ao questionamento que todos se faziam naquele momento:

- Por que estamos passando por uma pandemia no planeta? Por que isso está acontecendo com a humanidade? Para conseguirmos compreender a razão destes momentos de tribulação, raciocinemos de acordo com a Doutrina Espírita. Para que o ser humano e o planeta possam progredir, se faz necessário que ocorram situações desafiadoras para que as pessoas tenham a oportunidade de se aperfeiçoar tanto intelectualmente quanto moralmente, praticando a caridade, desenvolvendo novas tecnologias, desenvolvendo a ciência e assim por diante. Na obra A Gênese, Kardec diz: "Isto *posto, diremos que o nosso globo, como tudo o que existe, está submetido à lei do progresso. Ele progride fisicamente, pela transformação dos elementos que o compõem, e moralmente, pela depuração dos Espíritos encarnados e desencarnados que o povoam. Esses dois progressos seguem e caminham paralelamente, pois a perfeição da habitação está em relação com a do habitante. Fisicamente, o Globo sofreu transformações, contatadas pela ciência, e que o tornaram sucessivamente habitável por seres cada vez mais aperfeiçoados; moralmente, a humanidade progride pelo desenvolvimento da inteligência, do senso moral e do abrandamento dos costumes. Ao mesmo tempo que a melhoria do Globo se opera sob o império das forças materiais, os homens contribuem para isso pelos esforços da sua inteligência; eles saneiam as regiões insalubres, tornam as comunica-*

ções mais fáceis e a terra mais produtiva [29]*a terra"*. Desta forma, pode-se compreender que tempos de guerras, desastres naturais, catástrofes e pandemias, ocorrem com um propósito, que é a evolução e o progresso dos indivíduos e do planeta seguindo a Lei do Progresso - e prosseguiu:

- Na obra O Evangelho Segundo o Espiritismo, Santo Agostinho esclarece que "o *progresso é uma das leis da natureza. Todos os seres da criação, animados e inanimados, estão sujeitos a ele pela bondade de Deus, que quer que tudo cresça e prospere. (...) Ao mesmo tempo que os seres vivos progridem moralmente, os mundos que eles habitam progridem materialmente. Quem pudesse acompanhar um mundo em suas diversas fases, desde o instante em que se aglomeraram os primeiros átomos que serviram para constituí-lo, vê-lo-ia percorrer uma escala incessantemente progressiva - mas de degraus insensíveis a cada geração -, até oferecer a seus habitantes uma morada mais agradável, à medida que eles próprios avançam no caminho do progresso. Assim caminham, paralelamente, o progresso do homem, o dos animais - seus auxiliares -, o dos vegetais e da habitação, pois nada* é estacionário na *natureza (...). A Terra, seguindo essa lei, esteve material e moralmente num estado inferior ao de hoje, e atingirá, sob esse duplo aspecto, um degrau mais avançado*[30]". Portanto, ao tomar conhecimento da Doutrina Espírita, das leis morais e do uso da inteligência e da lógica, compreende-se que tudo o que ocorre tem sua razão de ser, e que Deus está no controle de tudo, sendo Suas Leis, perfeitas. Devemos ter confiança e fé em momentos de tribulação para que consigamos ultrapassar estas fases de forma serena e sem desanimar.

A *live* de vô Everaldo foi bem esclarecedora e todos que assistiram se sentiram mais confiantes, e até mesmo aliviados ao pen-

---

29 KARDEC, Allan. **A Gênese.** Editora EME: Capivari/SP. 2020, p. 268.

30 KARDEC, Allan. **O Evangelho Segundo o Espiritismo,** tradução de Matheus R. Camargo. Editora EME: Capivari/SP. 2019, p. 48-49.

sar que tudo o que a humanidade enfrentava tinha um propósito maior. Ele finalizou afirmando que aqueles que têm acesso a este conhecimento, devem procurar agir como pilares em sua comunidade, levando esclarecimento, auxílio moral e auxílio material, dentro de suas possibilidades.

* * *

Naquela noite, Sofia mais uma vez teria o sonho que tanto a incomodava e que nada mais era, que lembranças de um passado remoto, onde ela errou terrivelmente ao deixar-se dominar pelos sentimentos de vingança e ódio, após ver sua família ser destruída pelo fato de Moisés e Marina terem se entregado a uma paixão proibida com consequências desastrosas.

Sofia, após mudar-se para a cidade, foi morar com uma conhecida de seu pai, Carmem, e seu marido, que sabendo da trágica situação da menina, não a deixaram desamparada. Eles tinham uma boa situação financeira, e quando Sofia disse que seus pais haviam falecido, Carmem e seu marido a acolheram. Como não tinham filhos, Sofia ir morar com eles foi uma alegria, e o casal a tratava com carinho, respeito e a recebeu como uma filha. Porém, ao saber da morte de sua mãe, Sofia não conseguiu perdoar Moisés e jurou vingar-se dele, custasse o que custasse.

Moisés viajou por um longo período após a morte de Marina e de seu filho, e não se incomodou nem um pouco com a perda dos dois que, para ele, nada representavam. Quando retornou para a cidade, anos depois, Sofia era uma moça feita e lindíssima. Ele novamente procurava uma outra mulher para satisfazer seus desejos da carne, insaciável que era.

Sabendo disso, Sofia armou um plano para vingar a morte de seus pais. Seduziria aquele homem e acabaria com sua vida, mas primeiro precisaria de alguns aliados para que seu plano fosse bem-sucedido.

O marido de Carmem era influente no governo da cidade, e Sofia se dedicou a aprender com ele tudo que pudesse para se tornar uma mulher capacitada para frequentar a sociedade, tal como ele era. Ele a ensinou tudo que ela pediu, e Sofia passou a integrar um clube privado de mulheres que organizavam as grandes festas da cidade. Poucas pessoas conheciam seu passado, e ela era conhecida como filha adotiva de Carmem e de seu marido, Paulo.

Ela sabia que seria fácil seduzir Moisés, mas não queria se tornar apenas uma de suas amantes, tal qual tantas outras que ele tivera. Ela queria muito mais que isso, e para tanto, ela não poderia agir como as outras. Teria que ir mais além, e faria o que fosse preciso para alcançar seu intento.

Começou a participar das festas da cidade e, primeiramente, com sua beleza irresistível, seduziu um jovem bem relacionado, filho do governador do povoado. Não foi difícil se tornar noiva dele em algumas semanas. Seu plano seria aparecer para Moisés como uma mulher impossível e inalcançável, pois apenas assim ele cairia em sua armadilha.

Planejaram uma grande festa de noivado numa mansão que ficava fora da cidade, no campo. A festa duraria dois dias, começando no final da tarde e se estendendo até o final da tarde do dia seguinte. Todos os convidados dormiriam na mansão, que contava com mais de trinta aposentos, além de um belo lago e um jardim de inverno. Sofia se enfeitou para a recepção daquela noite, usou uma maquiagem que realçava seus olhos verdes e colocou um vestido branco delicado, que realçava sua imagem virginal e pura. Para arrematar, pôs uma coroa de flores nos cabelos, o que a deixava com um ar ainda mais angelical.

Entrou no salão e todos pararam para admirar sua beleza. Moisés, que havia sido convidado para o noivado, ficou boquiaberto, pensando em como não havia conhecido aquela moça exuberante antes. Ao mesmo tempo, tinha algo nela que o deixava confuso e sentindo um misto de atração e de repulsa, como se pudesse sentir que o seu destino de alguma forma estivesse nas mãos dela. Por um instante, lembrou-se de Marina, pois ela olhou para ele com o olhar exatamente igual ao que Marina o havia olhado pela primeira vez.

Sofia sabia que ele já estava fisgado, e que era hora de colocar seu plano em ação. Passou a noite toda cercada pelo noivo e seus familiares, permanecendo totalmente inacessível a Moisés. Usou de todo o ar angelical e puro para que ele a visse como uma moça ingênua e frágil, e sentia que ele não tirava os olhos dela a noite toda.

Moisés estava totalmente seduzido por Sofia, porém tinha muito respeito pelo governador e seu filho e sabia que não poderia se aproximar dela, caso contrário correria até risco de vida. A família de Bruno era muito poderosa, e também perigosa. Ele não queria se indispor com eles, e trataria de tirar aquela moça da cabeça. Encontraria outra mulher para satisfazer seus desejos antes da próxima viagem. Mas naquela festa, não havia nenhuma outra mulher pela qual ele se interessasse, pois pareciam todas iguais. Desta forma, achou melhor se recolher aos seus aposentos para que não sofresse a tentação de se aproximar daquela que, para ele, era inacessível.

A noite foi muito animada, todos os convidados dançaram, beberam e somente se recolheram por volta da meia noite, quando a música foi encerrada. No dia seguinte, ainda haveria um café da manhã e um almoço seguido de um baile vespertino para os convidados.

Sofia ficou só em seu quarto, apenas com uma dama de companhia que já estava dormindo àquela altura da madrugada. Sabia qual era o quarto de Moisés, e desceu até o jardim de inverno da mansão vestida com um robe de cetim branco. Atirou duas pedras na janela e ele acordou assustado com o barulho. Sofia sentou-se no banco de costas fingindo que não o via.

Moisés olhou pela janela e avistou Sofia sentada sozinha no jardim. Ela parecia chorar. Parou por um instante, sem saber se devia ou não se aproximar. Agora, tinha certeza, ela estava mesmo chorando.

As estrelas faiscavam sobre a cidade adormecida, e pequenos vagalumes iluminavam um pouco a escuridão. Moisés vestiu um robe preto e foi, receoso, ao encontro de Sofia. Aproximou-se dela devagar, e ela fingiu assustar-se ao vê-lo.

- Quem é você? O que faz aqui? Não se aproxime ou gritarei pelos guardas!

- Calma, eu me chamo Moisés, sou convidado da família de seu noivo Bruno, você certamente nem me notou na festa.

- Ah sim, me desculpe. Achei que fosse um invasor - disse Sofia, fechando ainda mais seu robe sobre sua pele alva.

- Não, eu estava dormindo naquele aposento - apontou para seu quarto -, e ouvi que alguém chorava. Posso te ajudar em algo?

- Não, eu não estava chorando, foi impressão sua. Estou aqui apenas tomando um ar. Sentia-me sufocada dentro de meu quarto.

- Pois você parece bem infeliz para uma noiva.

- Não seja abusado, assim me ofende.

- Perdão, não foi minha intenção.

- Tudo bem, vou para meu quarto.

- Espere, se quiser conversar sou um ótimo ouvinte.

- Não, obrigada, não costumo conversar com homens estranhos - saiu apressadamente, porém fingiu sentir-se mal e tonta, para que ele a amparasse. Moisés correu e a abraçou antes que ela caísse no chão:

- Ei, espere, você está bem?

- Não foi nada, apenas uma tontura - disse, nos braços dele, após olhar profundamente dentro de seus olhos e começar a chorar compulsivamente.

Moisés sentiu-se totalmente arrebatado por ela. Secou suas lágrimas e tentou beijá-la, mas ela o empurrou assustada.

- Como ousa?

- Me perdoe, eu não pude resistir. Você é tão bela, e ao mesmo tempo tão frágil. Perdoe-me, por favor. Diga-me, por que chora?

- Tudo bem, eu, eu...não é nada.

- Me conte por favor, quem sabe eu possa ajudá-la?

- Ninguém pode me ajudar. Meu caso não tem solução. Apenas aguardo o momento de partir deste mundo.

- Como assim? O que diz?

Sofia chorou compulsivamente mais uma vez.

- Por favor, me diga o que há com você?

Sofia pensou um pouco, enxugando as lágrimas lentamente, e disse:

- Na verdade eu não posso me casar.

- Mas por que? Não ama seu noivo, é isso?

- Sim, eu amo meu marido, não é nada disso. Porém, ele não sabe a realidade! A verdade, é que nós não deveríamos ficar juntos. Ele não entende em que está se envolvendo.

- Como assim?

- Eu sofro de uma doença incurável e o médico me deu apenas alguns meses de vida. Não posso me casar com Bruno, pois eu apenas trarei sofrimento à sua vida.

- Mas você precisa contar a verdade para ele.

- Eu sei disso, porém não sei como contar o tamanho da minha desgraça para meu amado noivo.

- Eu te ajudarei.

Desta forma, Moisés caía facilmente no plano de Sofia, que o iludiu completamente.

11
MOMENTOS DIFÍCEIS

O edifício Bouganville amanheceu envolvido num clima fúnebre. A senhora que morava sozinha no apartamento 104, havia adoecido gravemente vítima da Covid, e estava internada na UTI há alguns dias, mas naquela manhã chegou a notícia de que ela havia falecido durante a madrugada. A família dela veio da capital para recolher seus pertences e organizar sua despedida. Os moradores do edifício estavam de luto, pois era uma pessoa muito querida por todos os moradores.

André foi trabalhar, mas acabou desmarcando alguns pacientes, porque não estava se sentindo bem. Não sabia se era efeito do luto que os moradores estavam vivenciando, ou se aquela dor de cabeça que sentia era algo físico. Chegou em casa mais cedo e Marina preocupou-se com seu estado. Preparou um chá para o marido e pediu a Sofia que não o incomodasse.

A menina obedeceu a mãe e não pediu auxílio ao pai para fazer seus exercícios de matemática, como era de costume. Desceu sozinha com Lili para que a cadelinha fizesse suas necessidades, e encontrou-se com Moisés no jardim do prédio. Era uma noite muito parecida com aquela na qual os dois se encontraram no jardim de inverno do palácio em um tempo remoto, e Sofia, ao olha-lo, sentiu um mal-estar tão forte que desfaleceu.

Moisés levou a menina no colo até o quinto andar, e bateu na porta do apartamento de Marina e André. Lili latia desesperadamente atrás da menina.

– Meu Deus, o que aconteceu?

– Eu não sei, eu estava no jardim e Sofia chegou, olhou para mim e desmaiou.

– Filha, filha, acorde, por favor. Já não basta o André passando mal, e agora Sofia! Assim eu não dou conta.

– André não está bem?

– Nada bem. Saiu do trabalho mais cedo devido a uma dor de cabeça, e ele não é de fazer isso à toa.

– O dia hoje não está fácil. O falecimento de dona Marlene deixou todos abalados. O clima está pesado.

Sofia abriu os olhos lentamente.

– Mamãe?

– Sim, querida, você está bem?

– Estou sim.

– O que aconteceu?

– Não sei mamãe, eu estava no jardim com Lili e de repente vi um homem, e me assustei.

– Mas era o Moisés.

– Não era o Moisés. Eu vi um homem diferente e me senti mal na mesma hora.

- Tudo bem, Sofia, apenas descanse. Farei um suco para você se sentir melhor.

Foi até a cozinha, seguida por Moisés, e sussurrou para o amigo:

- Moisés, eu acho que preciso levar Sofia ao psicólogo ou ao psiquiatra. Ela anda muito estranha. Vive tendo sonhos que a deixam impressionada, fica olhando para o nada, e agora vê um homem que não existe, não sei mais o que fazer.

- Marina, seu pai não entende dessas coisas de Espírito? Por que você não conversa com ele? Isso parece mais algo espiritual do que psicológico.

- Não tinha pensado nisso, mas é uma ótima ideia. Vou ligar para o papai hoje mesmo para ver se ele pode me ajudar a esclarecer o que está acontecendo com Sofia.

Moisés se retirou, deixando Marina imersa em seus pensamentos.

- Como está se sentindo, Sofia?

- Melhor mamãe. Não sei o que houve comigo. Algumas vezes me sinto estranha, como se visse imagens de algo que, na realidade, não é o que está acontecendo.

- Moisés sugeriu que conversássemos com seu avô para sabermos se isso não é algo espiritual.

- Quando eu estava frequentando as aulas de Evangelização, estava me sentindo melhor, realmente.

- Amanhã vamos ligar para ele para conversarmos?

- Sim, acho que ele poderá me ajudar.

No dia seguinte, André continuava sentindo-se mal. Sua dor de cabeça não havia passado e ele não conseguiu dormir bem. Agora, sentia-se febril e ficou com medo. Seria Covid?

Na situação em que o país se encontrava, todo e qualquer mal-estar deixava as pessoas em verdadeiro pânico, achando que estavam contaminadas. Apenas após receberem o resultado de um teste negativo de Covid é que conseguiam respirar aliviadas.

André não queria assustar Marina e Sofia, e decidiu não comentar nada com elas. Levantou cedo, trocou de roupa e foi até o pronto atendimento do Hospital para fazer um teste. Chegando lá, foi atendido por um médico que informou que o correto seria realizar a testagem apenas após o terceiro dia de sintomas, pois caso fizesse naquele dia poderia receber um falso negativo. O médico passou um antitérmico e entregou o pedido do exame para que ele realizasse no dia seguinte, o seu terceiro dia sintomático. O médico ofereceu a ele um atestado para que não fosse trabalhar, e André ficou pensando no que diria para Marina ao retornar para casa.

Não teria como esconder dela, mas ao mesmo tempo que temia estar com o vírus. Ele não sentia nada além de uma dor de cabeça e a febre, que foi aferida no Hospital e não passava de 37,5º.

- Não há de ser nada demais - pensou. - Eu me cuido tanto, não estive em nenhum local com aglomeração, sempre uso máscara e sigo todas as medidas de precaução. Seria quase impossível pegar Covid desta forma.

Enquanto isso, Marina terminava de ministrar sua aula *on-line* e lembrou-se de ligar para seu pai Everaldo, para saber sua opinião sobre o problema de Sofia. Ela relatou tudo que vinha ocorrendo com a filha ultimamente. De muitas coisas ele já tinha conhecimento, mas os últimos fatos, como aquela situação com Moisés, ele ainda não sabia.

- Marina, muitas pessoas veem o Espiritismo de forma supersticiosa, como se quem é Espírita, tivesse uma bola de cristal para saber o passado e o futuro, porém não é bem assim. Você tem certo conhecimento Espírita, e sabe que a Doutrina é baseada em muito estudo, ciência e também raciocínio lógico, portanto vamos analisar os fatos pela luz da razão.

- Sim, papai.

- Todos nós que habitamos a Terra, já vivemos muitas encarnações anteriores à atual, assim como viveremos muitas outras para que possamos nos depurar e nos elevarmos moralmente, correto?

- Correto.

- Algumas encarnações marcam mais do que outras, assim como acontece durante a nossa vida. Há fatos que jamais nos esquecemos, e outros que rapidamente se apagam de nossa memória. O mesmo pode ocorrer com as lembranças de outras vidas. Fatos marcantes ocorridos em vidas passadas, podem retornar à nossa memória, pois estão gravados na nossa mente devido aos sentimentos que nos despertaram. Algumas pessoas têm maior facilidade de se recordar, e outras não. É bastante comum que crianças tenham recordações que com o tempo se dissipam.

- Entendo, assim como na vida atual algumas pessoas têm uma memória melhor do que as outras, não é isso?

- Sim, é isso somado ao fato de que a recordação de uma vida ou de uma situação poder nos auxiliar a passar por alguma provação. Além disso, a maioria das pessoas que são de nosso convívio diário, sejam da família ou do nosso círculo de amizade, já conviveram conosco em encarnações anteriores sob um outro aspecto físico, visto que o corpo é apenas uma veste que muda completamente de uma encarnação para a outra.

- Então é possível que Sofia e Moisés tenham convivido numa vida passada?

- Sim, é totalmente possível e provável. Mas lembre-se, estamos fazendo uma análise sob a ótica da razão, ou seja, é totalmente possível e provável que seja isso, porém não podemos afirmar que seja um fato comprovado. Pode também ter sido apenas uma impressão da Sofia.

– Mas na sua opinião pessoal, o que acha que seja? E como podemos ajudá-la?

– Eu creio que seja sim uma forte recordação que tenha voltado à sua mente. E não podemos fazer muito para ajudá-la, apenas seria interessante tentar explicar a ela que isso não é nenhuma doença ou problema grave, apenas uma lembrança e que ela não deve dar muita importância a isso, mas procurar viver a vida atual, ver as coisas e pessoas como elas são e, principalmente, esforçar-se para ser uma boa menina, com postura e comportamento cristãos. Desta forma, tudo isso irá passar e ela poderá levar uma vida normal. Além disso, é muito importante que ela sempre faça uma prece antes de dormir, para que seja amparada pelos seus Espíritos Protetores, que certamente a auxiliarão a ter uma noite mais tranquila. Vocês têm praticado o Evangelho no Lar?

– Não, papai, há muito tempo não o fazemos aqui em casa.

– Você se lembra de como fazer?

– Sim, escolhemos um dia da semana e, sempre no mesmo dia e mesmo horário, iniciamos com uma prece, lemos uma mensagem edificante e abrimos o livro *O Evangelho Segundo o Espiritismo* ou outra obra que traga os ensinamentos evangélicos, para que possamos, em família, refletir juntos sobre eles.

– Isso mesmo, você não se esqueceu.

– Como me esqueceria se nós o fizemos juntos por anos na sua casa?

– Sim, é verdade. Eu continuo fazendo, mesmo sozinho.

– E você lê em voz alta?

– Sim, pois na realidade nunca estamos sozinhos, não é mesmo? A nossa volta, encontram-se Espíritos, nossas companhias invisíveis, e tenho certeza que eles sempre vêm ler comigo as mensagens do Evangelho.

- Está certo, papai. Muito obrigada pelos conselhos. Vou tentar retomar o Evangelho no Lar aqui em casa e conversar com Sofia a respeito do que está ocorrendo com ela.

- Isso mesmo. Mande um beijo carinhoso para ela e um abraço para meu genro querido.

- Sim, se cuide, papai, em breve estaremos juntos, se Deus quiser.

Despediram-se e Marina seguiu a orientação de Everaldo, conversando e esclarecendo a filha quanto à situação que ela vivia.

André chegou em casa bem abatido e Marina viu que ele não estava bem. Não podia nem pensar que poderia ser a temida Covid. Marina havia sofrido tanto com o que havia acontecido com a sogra, e aquela situação havia sido, sem dúvida alguma, o pior período de toda a pandemia para ela. Ficava nervosa só de pensar em passar por algo parecido novamente. Desta vez, tinha certeza que não suportaria! Pensava se já não bastava o confinamento, a sobrecarga que sofria em casa, as aulas *on-line*, a falta de rede de apoio, de lazer, de viagens. Além disso, sentia falta do abraço de vô Everaldo e de ir à praia livremente, sem estar sempre em estado de alerta com medo de se contaminar caso passasse alguém próximo a ela. Às vezes tinha certeza que surtaria, pois, por mais que as coisas em casa estivessem sob controle, a carga mental que ela sentia era pesada demais. Por tudo isso, só de pensar em André ficar doente, ou algo sair fora do esperado, ela já entrava em pânico.

- Como você está, meu amor? Voltou cedo, veio almoçar ou veio para ficar?

- Vim para ficar. Nem fui trabalhar hoje - disse cabisbaixo.

- Onde você estava?

- Fui ao Hospital fazer o teste de Covid.

- Ah meu Deus, André, você acha que se contaminou? O que faremos agora?

- Calma, eu ainda não sei, mas achei melhor ir logo tirar a dúvida.

- Você fez o certo mesmo. Mas acha que precisa se isolar?

- Não sei. Estamos juntos até agora, dormimos juntos. Creio que se for realmente Covid, você e Sofia já foram expostas. Não sei se vale a pena nos isolarmos.

- Acho melhor você ficar isolado no quarto, sim, e quando sair coloque a máscara. E vou separar talheres e objetos de uso pessoal para evitarmos a contaminação. Melhor prevenir agora, afinal, antes tarde do que nunca.

- Tudo bem, vou para o quarto me deitar.

- Eu levarei seu almoço na porta.

Marina estava com o coração partido por deixar o marido isolado, mas sabia que era uma medida necessária. A todo momento os telejornais diziam que esta era a recomendação adequada, e ela tinha muito medo por si mesma, mas principalmente pela filha, que tinha histórico de problemas respiratórios.

Ela estava muito abalada com a situação, porém não era o momento de chorar, fraquejar ou desanimar. Precisava reunir toda a sua força, para manter a casa e a família de pé. Ela não era capaz de enxergar, mas Espíritos amigos a auxiliavam e fortaleciam sua alma naquele momento para que ela não se sentisse desmotivada, pois apesar de não saber, ela enfrentaria uma batalha muito difícil a partir daquele dia. Precisava de toda ajuda que fosse possível obter naquele instante.

Em seu quarto Sofia pegou a pequena joia que tinha ganhado de presente de sua avó, o cordão com o pingente de um anjo. Sentia-se triste e desanimada, porém ao lembrar de sua avó, seu coração pareceu ficar mais leve. Quantas saudades tinha de Yvone, mas precisava lidar com aquela separação, a primeira de um ente querido que enfrentou em sua curta vida. Deitou-se em sua cama abraçada com o pequeno anjinho e cochilou.

Yvone veio visitar a família pela primeira vez após seu desencarne, e estava acompanhada de Oseas e Berenice. Viu a neta abraçada ao pingente que ela tinha lhe dado de presente, viu o filho triste no quarto isolado devido a uma possível contaminação e quis abraçá-lo. Chegou perto dele e André na mesma hora lembrou-se da mãe.

- André, meu filho, que saudades sinto de você.

Apesar de não a ver, ele sentiu sua presença e disse em voz alta:

- Ah mãe, como eu queria que você estivesse aqui comigo. Me sinto sozinho e triste, somente seu abraço poderia me acalentar, como quando eu era pequeno, ficava doente e você me embalava até eu pegar no sono.

Yvone se emocionou ao ouvir as palavras do filho tão amado, e o acalentou como fazia quando ele era pequeno. Lágrimas rolaram dos olhos de André que, emocionado, lembrava-se da falecida mãe com saudade e enorme carinho. Ao mesmo tempo, ela tentava transmitir a ele a mensagem de que ela estava ali e que o amor entre eles continuava mais vivo do que nunca.

Foram interrompidos pelas batidas na porta. Marina avisou que o almoço de André estava preparado e que ela o havia deixado numa bandeja na porta do quarto com uma pequena flor.

Yvone despediu-se do filho, pois já era hora de partir. Berenice e Oseas retornaram com ela para a Colônia Espiritual onde ela residia, mas disseram que muito em breve ela e o filho se reencontrariam.

Marina colocou a máscara e desceu com Lili para passear, enquanto André almoçava e Sofia cochilava. No pátio do condomínio, encontrou-se com a amiga Carol que estava junto a Moisés, conversando.

- Olá, Marina, como está André? Achei ele tão abatido hoje cedo - disse Moisés.

- O que ele tem? - perguntou Carol.

- Temo que seja Covid, infelizmente. Parece estar um pouco febril, mas já foi ao Hospital e fará o teste amanhã. Na dúvida, coloquei ele isolado no nosso quarto.

- Fez bem. Se Deus quiser não será nada - disse Moisés. - E Sofia, está bem?

- Sim, ela está bem na medida do possível, porque com o pai doente, em isolamento e com esses sonhos estranhos, fica difícil se manter totalmente bem, mas vamos fazendo o possível para manter a sanidade mental.

- Verdade. Acho que ninguém está totalmente bem com toda essa loucura que estamos vivendo.

- E Vivian, como está? E o pai dela, já saiu da clínica?

- Vivian está bem. Infelizmente, preciso confessar que quando o pai está longe, nós ficamos melhores do que quando ele está por perto. Ele ainda está internado, o que para mim é menos um problema. Deus me perdoe por falar isso, mas é a realidade.

- Sim, pelo menos deste jeito Maurício te dá um pouco de paz. E Felipe, como está, Moisés? Faz tempo que ele não dá uma escapadinha lá para casa.

- Felipe está entretido, pois o condomínio liberou o *wi-fi* e ele passa o dia conectado no meu celular estudando. O pobrezinho está tentando colocar as matérias em dia, e eu disse que se ele passar de ano comprarei um celular para ele. Agora não sei se quero que ele passe ou não, pois nem sei como comprarei um telefone - disse soltando uma risada.

- Diga a ele que se precisar de ajuda, é só me chamar no aplicativo de mensagens, mas não acho bom que ele vá lá em casa por enquanto, devido à essa possível doença do André.

- Obrigado, Marina, direi a ele que se tiver dúvida te chame no celular.

Marina despediu-se dos amigos e retornou ao apartamento com Lili, porém, ao abrir a porta, ouviu um barulho vindo do quarto.

Correu até o dormitório e deparou-se com André caído no chão. Deu um grito que acordou Sofia e fez Lili latir sem parar.

Foi tudo muito rápido. André estava desmaiado e Marina entrou em choque. Sofia chamou Moisés pelo interfone e ele levou André carregado até o carro de Carol. Vendo que Marina ainda estava em estado de choque, Carol levou André desacordado até o Hospital.

Chegando lá, Carol encontrou-se com a amiga de dona Yvone, Carmem, que orientou que levassem André para o atendimento. Após alguns minutos, veio a notícia de que ele estava em estado crítico e tinha sido internado na UTI.

O resultado do exame colhido não tardou a sair e era positivo, ele estava contaminado com o vírus da Covid-19.

12
A LEI DO RETORNO

Maurício passou aproximadamente dois meses internado na clínica de recuperação para dependentes químicos. Sentia-se melhor e preparado para receber alta e retomar o convívio com sua família e com a sociedade em geral. Seu terapeuta disse que após alguns dias, ele poderia voltar para casa.

O pai de Maurício mandou arrumar o quarto de solteiro para receber o filho em casa, mas ao sair da clínica ele ficou apenas alguns dias na casa do pai e logo quis retornar ao seu apartamento. Não era fácil retomar a rotina após tantos meses entregue ao vício e, depois, ao isolamento completo na clínica, mas ele pretendia voltar a ter uma vida normal dentro do possível. Conversou com Carol e ela permitiu que ele buscasse a filha para passear.

Vivian ficou radiante ao encontrar o pai que agora aparentava sobriedade e responsabilidade. Devido ao isolamento social, resolveu levar a filha ao seu apartamento e pedir um lanche que ela gostava, ao invés de saírem para um local público. Sentia-se mais consciente e temia que acontecesse algo que prejudicasse sua vida ou a da filha. Desta forma, os dois ficaram em casa, lancharam, assistiram um filme e conversaram durante a tarde toda.

– Sabe, minha filha, eu estive doente, e por causa desta doença, eu cometi muitos erros. No entanto, agora estou curado, e espero que possamos passar mais tempo juntos. Quero que você venha para a minha casa mais vezes, e quero ser mais presente na sua vida.

– Que bom, papai, eu sabia que você voltaria!

– Claro que eu voltaria, jamais te abandonaria, minha filha! Você é a razão da minha vida.

Deu um forte abraço em Vivian e lágrimas escorreram pelos seus olhos, traduzindo o arrependimento por tantos erros cometidos no passado.

Levou-a para casa e não percebeu que um homem o seguia de moto.

Vivian chegou ao apartamento e a mãe não estava. Ouviu vozes na casa de Marina e tocou a campainha. Moisés abriu a porta e explicou que Carol precisou levar André ao Hospital, pedindo que a menina entrasse, pois, ele e Marina ficariam com ela até que sua mãe retornasse.

Vivian foi até o quarto da amiguinha Sofia e viu que ela estava chorando.

– O que houve, Sofia? Por que você está chorando?

– É aquele vírus horrível, ele levou minha avó embora e agora ele vai levar meu pai também, eu tenho certeza!

– Calma Sofia, o meu pai também ficou internado no Hospital por um tempo, mas ele retornou para casa e hoje até passamos a tarde juntos. Você verá que seu pai vai voltar também. E a sua avó, ela já era mais velha, por isso ela não sobreviveu, mas nossos pais são jovens e eles são fortes.

- Será? Mas eu sinto uma dor tão grande no meu coração. Sinto que algo de terrível acontecerá.

- Pare com isso, não pense desta forma. Seu pai vai voltar logo, você verá.

Sofia se acalmou com a presença da amiga, que fez o possível para que ela ficasse confiante no retorno do pai.

Enquanto isso, Moisés preparava uma água com açúcar para Marina, que estava sentada no sofá com os olhos perdidos.

- Toma, Marina, beba esta água e se acalme. Tudo vai se resolver, você verá.

Ela bebeu a água, mas não respondia. Moisés ficou preocupado com a situação e telefonou para o pai dela, vô Everaldo, para que viesse ver a filha.

Ele estava em isolamento durante todo aquele tempo, mas ao saber da situação de Marina e do genro, entrou em seu carro e foi até o edifício. Moisés precisava voltar para casa, pois já era hora de Felipe jantar e dormir, e ele tinha passado o dia todo sozinho. Despediu-se com o coração apertado, pois tinha Marina, Sofia e André como grandes amigos, e vê-los afetados por aquela doença causou uma grande aflição e temor em seu coração. O temido vírus era muito traiçoeiro, e ninguém sabia o que esperar dele.

Vô Everaldo, amparado pelos Espíritos Protetores de sua família, chegou e viu a filha em estado de choque. Fez uma oração para que ela recebesse o auxílio da Espiritualidade Amiga e, aos poucos, ela foi despertando daquele estado em que se encontrava.

Seus olhos abriram devagar e ela perguntou:

- Papai, onde está André? O que o senhor está fazendo aqui?

- Minha filha, André está hospitalizado, mas tenha fé, confiança em Deus e acima de tudo, aceitação. Precisamos nos resignar à vontade Dele, pois ela é soberana. Aconteça o que acontecer, devemos ter coragem, confiança e força O que podemos fazer neste instante é orar para que tudo corra da forma que tem que correr. Sofia e Vivian estão no quarto, precisamos cuidar delas e manter o ambiente tranquilo para que elas não se assustem.

– Eu não vou suportar, papai. Não posso ficar sem André.

– Não é hora de fraquejar. Vamos nos levantar e cuidar de fazer o que deve ser feito. André precisa que você fique forte neste momento. Ele não pode estar aqui para cuidar de você, de Sofia e da casa, mas você está, e ele precisa que você cuide de tudo para ele.

– Mas, papai, eu não consigo.

– Consegue sim minha filha. Deus não nos dá um fardo maior do que podemos carregar. Vamos chamar as meninas e cuidar delas neste momento.

Marina levantou e mandou Sofia para o banho. Carol chegou com a notícia de que André estava na UTI e foi com a filha para casa. Vô Everaldo ficou para passar a noite com filha e a neta.

Sofia tomou seu banho, jantou e foi dormir triste, porém resignada com a situação. Já Marina não se conformava, não conseguiu comer nem dormir, e seu pai precisou lhe dar um calmante para que relaxasse um pouco. Mas mesmo assim, Marina passou quase toda a noite em claro, sentada no sofá entre breves cochilos e muitas lágrimas.

Olhava o tempo todo para o telefone, ansiando por notícias do marido ao mesmo tempo que temia que ele tocasse com uma notícia ruim. E a angústia não passava.

Ligou a TV para tentar se distrair, mas o jornal daquela manhã anunciou que o mês de julho havia sido o mais fatal desde o início da pandemia, com mais de trinta mil mortes confirmadas por Covid-19. Aquela notícia só deixou Marina mais angustiada, e ela nem percebeu que ao final da reportagem também era anunciado que o Ministério da Saúde havia assinado um acordo para a produção da primeira vacina contra a Covid-19 no país, e que ela já se encontrava em fase de testes, trazendo uma esperança de que aqueles dias sombrios, em algum momento, terminariam.

O dia finalmente amanheceu, Marina observou pela janela o sol nascendo e sentiu uma enorme angústia em seu coração. Não sabia o que faria se perdesse André, não podia nem imaginar viver sem ele nem mesmo por um dia.

Vô Everaldo acordou e perguntou se a filha aceitava um café. Ela aceitou, ele fez o café, um suco de laranja e pôs a mesa com alguns biscoitos e um bolo industrializado que estavam no armário.

Sofia acordou e gostou da mesa arrumada:

- Nossa, vovô, que linda mesa.

- Arrumei especialmente para você.

- Obrigada vovô - respondeu Sofia abraçando-o carinhosamente e, em seguida, sentando-se para comer. - Mamãe, você não vem se sentar?

- Vou sim, querida.

Marina estava com os olhos vermelhos devido à noite em claro e ao choro. Mas, sabia que não poderia aparentar seu descontrole para a filha, e reuniu toda sua força para colocar um sorriso no rosto e sentar-se na mesa para tomar o café com Everaldo e Sofia.

Após alguns instantes, Carol tocou a campainha acompanhada da filha Vivian.

- Oi, Marina, alguma notícia do André?

- Ainda não. E eu não tive coragem de ligar ou ir até o Hospital. Estou com tanto medo, Carol.

- Se você quiser posso entrar em contato com a Carmen, ela me deu o número do celular pessoal dela.

- Pode me passar o número, eu mesma entro em contato! Obrigada.

- Tudo bem - disse Carol, enviando, no mesmo momento o número para a amiga.

- Vou voltar para casa, preciso trabalhar. Só passei para saber como estavam as coisas.

- Sim, eu também preciso dar aula daqui a pouco. Não sei como conseguirei, mas preciso tentar pelo menos.

- E as meninas iniciarão a aula *on-line* daqui a dez minutos. Força amiga, vai dar tudo certo. Precisando de algo é só me chamar.

- Obrigada mais uma vez.

Antes de se trocar para ministrar sua aula, Marina resolveu ligar para Carmen.

A enfermeira e amiga da família passou algumas informações sobre o estado de André, que parecia estável. Disse que mais tarde tentaria fazer uma chamada de vídeo dele para a família, e que não adiantaria Marina ir até o Hospital, pois as visitas estavam proibidas.

Marina ficou mais tranquila com a promessa de que veria o marido ao menos pela tela do celular. Conseguiu trabalhar aquela manhã, e Sofia assistiu suas aulas pelo *notebook* como de costume.

Ainda assim o clima de tensão estava no ar, todos estavam nervosos e sentindo que algo de muito ruim aconteceria em breve. Até Lili estava desgostosa, não se ouviu nem um latido durante toda aquela manhã.

A aula de Sofia terminou e ela foi até a sala sentando-se próxima ao seu querido vô Everaldo, que a abraçou com carinho.

- Vovô, meu pai também vai morrer?

- Só quem sabe o momento de cada acontecimento da nossa vida, inclusive a hora de nossa morte, é o nosso Pai que está nos Céus. Eu não posso te afirmar o que acontecerá com seu pai, mas o que posso te dizer é que tudo o que acontece na nossa vida é para o nosso bem.

- Como a morte de alguém que amamos pode ser algo bom? Isso é terrivelmente triste.

- Sim, é terrivelmente triste para nós que sentimos falta daqueles a quem tanto amamos, porém, a morte é um fenômeno natural. "*Nascer, morrer, renascer ainda, e progredir sempre, tal é a lei*[31]". A nossa verdadeira vida é no Mundo Espiritual. O nosso corpo é apenas uma vestimenta que cobre o Espírito durante a encarnação, pois ele sobrevive à morte do corpo. Todos nós viemos viver a vida aqui na Terra com um propósito, o de evoluirmos e aprendermos algo. Após termos esta tarefa concluída, chega o momento de partir para seguirmos nosso aprendizado. A vida na Terra é como uma escola, onde aqueles que concluem o aprendizado, seguem para novas experiências. Desta forma, precisamos ter a compreensão de que Deus sabe o que é melhor para cada um de nós, e aceitarmos as provações da vida e a hora da morte, tanto nossa quanto daqueles que amamos.

- Assim do jeito que o senhor explica, consigo compreender melhor. Então, a vovó Yvone está estudando em outra escola agora, pois aqui na Terra ela já havia aprendido tudo?

- Sim, é assim que funciona. Na realidade, a morte não existe, apenas o corpo morre. A vovó Yvone continua vivendo, porém em outro plano, e não na Terra.

- E ela pode visitar a gente ou nós podemos visitá-la?

- Sim, podemos caso Deus permita este encontro. Ele pode se dar através de um sonho, ou de comunicações mediúnicas por meio de cartas ou outras maneiras. Mas, esta comunicação não é no momento em que queremos, e sim quando Deus permite. A vontade Dele é sempre soberana.

- Será que um dia receberemos uma mensagem da vovó?

- Por que não? É perfeitamente possível.

A conversa entre os dois foi interrompida com a chegada de Marina. Após se distrair um pouco com o trabalho, ela estava um

31 Frase escrita no túmulo de Allan Kardec.

pouco mais animada e contou para a filha que Carmem havia prometido que elas falariam com André por chamada de vídeo, o que fez Sofia vibrar de alegria.

Conforme combinado, Carmem conseguiu realizar a chamada de vídeo pelo celular de André. Ele se emocionou ao ver a esposa e a filha, e as duas não conseguiram conter as lágrimas ao vê-lo tão fragilizado. Ele, que sempre esteve forte ao lado delas, sustentando emocionalmente a família, agora estava hospitalizado, com dificuldade para falar e para respirar, limitando-se a sorrir e trocar algumas palavras.

Alguns dias se passaram e André não apresentou melhoras. Todas as tardes elas ansiavam pelo telefonema dele, pois aquela chamada de vídeo era o único alento capaz de acalmar seus corações.

Sofia e Marina tentavam manter-se esperançosas, mas a realidade batia à porta e viam que a cada dia que passava André, ficava mais debilitado. Em uma tarde quente do mês de agosto de 2020, Carmem ligou mais uma vez para trazer um pouco de conforto à família, mas disse que o estado dele estava crítico.

Colocou André na chamada de vídeo e ele se esforçou para falar com aquelas a quem tanto amava.

– Papai, por favor, volte logo para casa. Sinto tanto medo que você vá embora como a vovó – disse Sofia entre lágrimas.

– Mas Sofia, a morte chega para todos nós, esta é a única certeza da vida. Mas sabe de uma coisa? Há um jeito de permanecermos vivos para sempre.

– Que jeito, papai?

– Quando as pessoas partem, elas permanecessem vivas na nossa memória, em nossas lembranças. Quando eu for embora, você vai lembrar do som da minha risada e vai sorrir. Dos conselhos que eu te dava e vai seguir, do sabor dos almoços que eu preparava e que você amava. Das músicas que cantávamos juntos e quando você cantar, vai conseguir ouvir minha voz novamente, como seu eu estivesse cantando junto com você – falou André ofegante pelo esforço que fazia para pronunciar aquelas palavras. – A realidade é que a gente nunca morre quando é amado, pois permanecemos vivos dentro do coração de quem nos ama.

Ele reuniu as últimas forças que tinha para conseguir falar com a filha. Sofia e Marina choraram muito e trocaram mais algumas palavras carinhosas com André. No fim, elas sentiam que seria a última vez que se veriam.

Naquela noite André teve uma piora em seu quadro e, quando não podia mais lutar contra a doença, relaxou seus músculos, abriu os olhos e viu sua querida mãe presente ao seu lado subitamente.

– Mamãe, você veio me buscar?

– Sim, querido, chegou a sua hora. Já faz alguns dias que estava aguardando ansiosa pelo nosso reencontro!

E assim, André partiu com sua mãe e outros Espíritos Amigos para uma nova jornada no Plano Espiritual, despedindo-se daquele corpo frágil que já não tinha as condições necessárias para a vida terrena.

André, com apenas quarenta anos de idade e sem comorbidades, foi mais uma das milhares de vítimas da Covid-19 no Brasil.

Marina, ao receber a notícia da morte de seu amado marido, entrou em estado de choque, e todos os acontecimentos que se seguiram ficaram nebulosos em sua memória. Ela parecia um manequim, sendo levada de um lado para o outro, vendo vagamente as pessoas em sua casa, e sua filha chorando. Era como se sua alma tivesse sido desligada de seu corpo. Era um trauma muito forte para ela, e a forma que sua mente lidou com aqueles primeiros dias de luto, foi causando involuntariamente um afastamento da realidade.

Mal recordava-se do velório e do enterro, e continuava sem conseguir raciocinar, falar, chorar ou ter qualquer reação. Os dias se passavam e ela dormia, acordava, comia, com os olhos vagos e sem esboçar reação alguma.

Vô Everaldo e Carol cuidaram de tudo para ela. Trataram dos trâmites legais, deram a notícia para Sofia e tentavam cuidar dela, de sua filha e de sua casa, na medida do possível.

Sofia sofria muito pela morte do pai e pela ausência afetiva da mãe, que continuou por dias naquele estado. Quando todos já não sabiam mais o que fazer para que Marina saísse daquela situação, ela acordou chorando compulsivamente e chamando pelo falecido marido.

- André! Onde você está? Volte por favor! - gritava em meio às lágrimas.

Vô Everaldo pediu que Carol levasse Sofia para a casa dela a fim de que ele tentasse conversar com a filha. Sofia ficou assustada, mas foi para a casa da vizinha.

- Minha filha, André se foi. Precisamos aceitar sua ausência! Eu sei que é difícil, mas eu estou aqui e você não está, nem nunca estará sozinha.

- Ele jamais me abandonaria desta forma. É tudo mentira pai, ele está vivo, eu tenho certeza.

- Não foi uma escolha dele ir embora, ele realmente jamais abandonaria você e Sofia. Mas, chegou sua hora de partir, Deus o chamou para junto Dele.

- Não papai, não pode ser verdade - disse Marina abraçando o pai.

- Infelizmente esta é a verdade. Mas você é forte, Marina, e vai superar isso.

- Não papai, eu não sou forte, o senhor está enganado. Eu não serei capaz de suportar a vida sem André.

- Eu estou aqui para te ajudar. E você há de superar.

Vô Everaldo estava aliviado por ver a primeira reação da filha, a negação, o que era absolutamente natural durante o luto.

Ele havia enfrentado a perda da esposa quando Marina era criança, e sabia perfeitamente o que ela estava sentindo. Fez uma oração, pedindo a Deus que ele fosse capaz de ajudar a filha a superar aquela dor e Marina, após passar horas chorando junto ao pai, adormeceu.

Os dias se passaram, e Marina precisava voltar ao trabalho e resolver as burocracias pendentes após a morte do marido, porém ela não conseguia sair da cama. Seu pai a levou ao psiquiatra, que lhe deu um atestado para que ela pudesse se recuperar por mais alguns dias sem trabalhar, além de algumas medicações que a auxiliariam a passar pelo processo de luto que estava sendo muito difícil para ela.

Aos poucos, ela conseguiu retornar à rotina, mas a dor que sentia dilacerava seu coração. O pior momento para ela, era quando acordava e, ao olhar para o lado, não via o marido. Nestas horas, o peso da saudade e da ausência de André sufocavam seu coração aflito, a ponto de causar dificuldade até mesmo para respirar.

Tentava se enganar dizendo para si mesma que era apenas um pesadelo. Assim, fechava os olhos e imaginava que ele estava ali ao seu lado sorrindo. Mas, ao abrir os olhos, a dura realidade é que estava sozinha, e que André não retornaria nunca mais.

Abria o armário e sentava em meio às roupas dele apenas para sentir o cheiro de André, que ainda permanecia naquele espaço fechado. Passava horas ali pensando e recordando-se do marido.

Mal conseguia olhar para a filha, pois a dor de ver os seus olhos tristes era algo que ela ainda não era capaz de lidar. Sofia constantemente ficava na casa de Carol, a pedido da própria Marina, que ficava sozinha em casa, chorando, lamentando e chamando o marido por horas a fio.

Vô Everaldo fazia o possível para ajudar a filha, mas sabia que precisava ter paciência com aquele difícil processo de luto de Marina.

Passaram-se três semanas do falecimento de André, e Marina sentia-se cada dia pior. Os remédios, conselhos e orações que seu pai fazia por ela, pareciam não ter efeito algum. Ela passava o dia a se lamentar de pijama pela casa, parecendo um fantasma. Já havia perdido cinco quilos e seu rosto afinou.

Carol deu a amiga um conselho para que ele aliviasse um pouco a dor que sentia. Aconselhou que ela escrevesse sobre seus sentimentos, e ela consentiu, pois sentia que se não colocasse para fora sua tristeza, enlouqueceria.

Abriu um de seus cadernos e começou a escrever:

"Eu queria me mudar de mim. Sair do meu corpo, me despir de minha alma para que essa dor cessasse. É mais do que uma vontade de morrer, é vontade de desaparecer, pois sei que a dor não cessará com a morte, ela continuará dilacerando meu peito. Tenho vontade de gritar, de me rasgar, de desaparecer, mas é impossível fugir de mim. Lili vem e lambe a minha mão, e olhar para ela me faz sentir mal. Não sei mais dar amor, não sei mais amar. Não consigo cuidar da minha filha, mal consigo olhar para ela, pois o amor e a doçura, me lembram do nosso amor. O grande amor da minha vida, que vivi intensamente, mas que passou. Não sei para onde foi. Eu era tão acostumada com nosso amor, com nossa vida. Não sei mais como se vive sozinha. É como se o protagonista do livro da minha vida tivesse desaparecido e minha história passasse a não fazer o menor sentido. Fico me recordando da nossa primeira troca de olhares, do nosso primeiro beijo e de todo seu carinho por mim. Da sua mão, das suas covinhas sorrindo, do som da sua voz, de suas manias, do seu jeito. O jeito que você me olhava, que mexia e cheirava meu cabelo, o jeito que me abraçava dizendo para eu relaxar e aproveitar o dia, a paisagem, a vida. Sim, a vida. Foi o seu recado para mim. Aproveitar e viver a vida. Mas, sem você eu não sei como poderei fazer isso".

13
REAPRENDENDO A VIVER

Vivian e Sofia estavam na casa de Carol, como agora já era costume, e tiveram a ideia de fazer um doce. Foram até cozinha, pegaram os ingredientes e fizeram uma panela de brigadeiro. Enquanto as meninas se deliciavam, Carol pegou um pouco do doce ainda quente e foi até a casa da vizinha, Marina.

Entrou sem bater, pois não adiantava chamar Marina, ela simplesmente não atendia telefone, nem interfone, nem campainha. Foi até o quarto da amiga que cochilava em sua cama:

- Oi, amiga, como você está?

- Arrasada, parece que essa dor nunca vai passar. É tudo tão injusto, ver tudo acabado assim, de repente.

- Eu sei que é difícil, mas trouxe algo para tentar te alegrar um pouco.

- O que é?

- Um brigadeiro que Vivian e Sofia fizeram lá em casa.

- Eu vou aceitar, parece delicioso.

As duas ficaram sentadas na cama degustando o doce feito pelas filhas e conversando sobre a vida.

- Sabe, Carol, eu tenho me dado conta que é para valer. André não vai mais voltar, nunca mais. Sinto falta do tempo em que éramos felizes, mas agora acabou. A felicidade não vai mais voltar para esta casa e nem para a minha vida.

- Eu sei que é muito difícil, mas você vai superar isto.

- Não consigo parar de pensar em tudo que vivemos, fico repassando as lembranças, e tenho certeza de que nunca irei superar. Fico ouvindo os áudios dele no telefone, apenas para poder ouvir sua voz mais uma vez dizendo que me ama ou falando qualquer coisa banal. É tanta dor que sinto no peito, ela devora meu coração minuto a minuto. Minha vontade é dormir o tempo todo para esquecer da realidade que é impossível de suportar.

- Eu sei, você ainda está vivendo seu luto. Mas eu estarei sempre aqui ao seu lado, pode contar comigo para chorar, para desabafar ou simplesmente para comermos brigadeiro juntas e engordarmos.

Marina riu pela primeira vez em semanas. Tinha até se esquecido de como era a sensação de sorrir.

* * *

Vô Everaldo foi convidado, mais uma vez, pela Casa Espírita que frequentava, a participar de uma *live* que ocorreria no domingo.

No dia e horário marcados, Marina e Sofia sentaram-se na sala e ligaram sua *smart* TV para assisti-lo. A *live* foi muito tocante, o tema daquela noite era cartas psicografadas. Marina se interessou bastante pelo tema e estava atenta enquanto vô Everaldo explicava:

- Apesar da perda daqueles a quem se ama ser tão dolorosa e motivo para tanto sofrimento, a possibilidade de comunicação entre os seres encarnados e desencarnados por meio da mediunidade e da psicografia, é a mais doce consolação aos corações aflitos. A psicografia nos permite ter notícias daquele que amamos e, desta forma, podemos ter a certeza de que eles ainda vivem, e que a separação imposta pelo desencarne é algo temporário, e não definitivo. Além da psicografia, existem outras formas de se comunicar com os parentes e amigos que já se foram, o que pode ocorrer através do sonho ou de outras formas de mediunidade.

Marina ficou radiante ao imaginar que poderia se comunicar ou receber notícias de seu marido por uma carta ou por um sonho. Mas, vô Everaldo continuou explicando:

- Porém a comunicação é realizada sempre de lá para cá, ou seja, não adianta apenas desejarmos ou chamarmos, precisamos ter paciência, resignação e compreensão de que o ente querido ou amigo que desencarnou pode ainda não estar preparado para se comunicar. Ele poderá se comunicar quando estiver pronto e quando Deus assim permitir. O melhor que se pode fazer é orar por aquele que partiu antes de nós, pois a oração é um bálsamo no coração do desencarnado que recebe as vibrações da prece dos encarnados com muita alegria.

Marina compreendeu o que ele explicou e a partir daquele dia passou a fazer uma oração toda vez que o coração apertava de saudades. Aquele hábito fez um bem enorme a ela e ao falecido marido, que recebia com alegria na Espiritualidade, o amor que a esposa emanava em direção a ele em forma de carinho e saudade.

Após a *live*, Marina agradeceu ao pai pelas suas palavras que tocaram profundamente seu coração dilacerado pela dor da saudade do marido. Confidenciou que, enquanto assistia, e principalmente após a oração de encerramento, ela sentiu um alívio muito grande em seu coração.

- Que bom, minha filha, eu sabia que você iria melhorar após assistir esta *live*. Organizei a pauta pensando em você e numa forma de te ajudar a superar toda essa dor.

- Pois ajudou sim, papai, muito obrigada.

- Quando estiver sofrendo lembre-se sempre das palavras de Jesus: "*Vinde a mim todos os que estais cansados e oprimidos e eu vos aliviarei. Tomai sobre vós o meu jugo, e aprendei de mim, que sou manso e humilde de coração, e encontrareis descanso para as vossas almas. Porque meu jugo é suave, e o meu fardo é leve*[32]".

- Tentarei me lembrar, papai.

- Lembre-se que se você está aqui na Terra, é por algum motivo. Você ainda tem muito trabalho a fazer - disse apontando para Sofia que lia um livro distraidamente no sofá.

- Tem razão. Eu vou conseguir superar, com sua ajuda e com a ajuda de Deus, eu vou melhorar.

- Vai sim. Jesus disse: "*No mundo tereis tribulações, mas tende bom ânimo, eu venci o mundo*[33]". Sigamos seus conselhos, seus ensinamentos, e tenhamos resignação perante as tribulações da vida.

* * *

Mauricio tentava retomar sua vida, longe do vício. O pai ofereceu a ele um emprego em seu escritório, para que pudesse mantê-lo por perto, além de ocupar sua mente com algo produtivo. Ele estava se saindo bem, chegava no horário, cumpria as tarefas e era cordial com os companheiros de trabalho.

---

32 Mateus, - 22: 28-30
33 João - 16:33.

Porém, aqueles meses de vício em drogas trouxeram várias consequências ruins para sua vida, e uma delas era a dívida com o tráfico. Apesar de ter pago com seus próprios bens a maior parte do que consumia, antes de ser internado na clínica ele havia adquirido uma quantidade de drogas com seu traficante e prometeu pagar depois. Como o traficante sabia que Maurício tinha um bom poder aquisitivo, aceitou o pagamento posterior, porém Maurício não sabia como pagar aquela dívida. Não queria dizer a seu pai que, além de ter vendido todos os bens que havia em seu apartamento, e até mesmo sua moto, ele ainda tinha aquela dívida adquirida. Queria trabalhar e conseguir pagar por conta própria, sem envolver sua família, mais do que já havia envolvido, em seus problemas com o vício.

Entretanto, o valor de seu salário não era alto, pois o pai de Maurício evitava dar a ele grandes somas em dinheiro por temer que ele tivesse uma recaída. O traficante, Eduardo, estava acompanhando de perto seu devedor e já havia descoberto que ele era filho de um rico empresário. Desta forma, ele resolveu cobrar um valor muito mais alto de Maurício, alegando que os juros pelo tempo da dívida pendente estariam cada dia maiores e, se ele não pagasse logo, as consequências seriam terríveis.

O pai de Vivian não sabia o que fazer para pagar o que devia, pois teria que trabalhar por meses para conseguir toda aquela quantia. Resolveu pedir a ajuda de Carol e ligou para ela combinando um jantar naquela noite.

Carol e Vivian foram até o apartamento de Maurício para jantar, e enquanto a filha se distraía assistindo a vídeos em um aplicativo no celular, ele contou para a ex-esposa o que estava acontecendo, e questionou se ela não poderia fazer um empréstimo a ele.

- Maurício, eu não tenho esta soma em dinheiro para dispor, e isso que você me conta me deixa com muito medo. Você não teme que ele possa até mesmo sequestrar você ou a Vivian para conseguir este dinheiro? Ele deve ser um homem muito perigoso.

- Não, Carol, também não é assim. Eduardo só vende drogas, não é um sequestrador. Porém, ele é inteligente e bem informado, e por isso está me cobrando um valor maior do que o combinado, e a cada dia que passar minha dívida aumentará.

- Infelizmente eu não tenho este valor.

- Então não tenho outra alternativa a não ser sair da cidade por um tempo.

- Mas para onde você vai?

- Vou para a casa do meu pai em Angra. Direi a ele que não tenho me sentido bem aqui e que vou passar uns meses lá. Quando você puder, leve Vivian para passa um final de semana ou um feriado comigo, é só o que eu te peço.

- Tudo bem. Se cuide.

Os três jantaram juntos e se despediram. O que não sabiam é que o traficante Eduardo seguia os passos de Maurício de perto, e era mais perigoso do que ele pensava. Descobriu seu plano de sair da cidade e o enquadrou antes que ele fugisse.

Maurício disse ao pai que queria passar alguns dias afastado da cidade para se recuperar melhor de sua doença, e não encontrar más companhias que o estavam procurando incessantemente, o que era verdade. Seu pai deu as chaves da casa de Angra e ofereceu um motorista para levá-lo até lá, mas ele preferiu pedir um táxi para não incomodar mais o seu pai.

Naquela noite de agosto chovia muito, e relâmpagos cortavam o céu. O pai dele telefonou alguns minutos antes dele descer perguntando se não preferia ir na manhã seguinte, pois chovia demais, mas ele disse que não. Estava tudo preparado, e ele não queria passar mais nenhuma noite na cidade.

Desceu até a portaria segurando o guarda-chuva e duas malas. Acendeu um cigarro, vício do qual ainda não tinha se livrado, e ficou aguardando o táxi. Nesse momento, foi surpreendido por Eduardo, que o aguardava do outro lado da rua fazendo sinal para que Maurício fosse até ele.

- Onde você pensa que vai com essas malas?

- Oi Edu, eu vou passar um fim de semana com meu pai.

- E você pensa que me engana? Pague o que me deve ou nada de passeios.

- Não é um passeio, apenas passarei uns dias com minha família.

- Não tente dar uma de malandro para cima de mim - disse encostando sua arma de fogo na cintura de Maurício, que se assustou e o empurrou violentamente.

Com o empurrão, Eduardo acabou atirando em Maurício, que caiu ao chão sem entender o que tinha acontecido.

Eduardo correu, sem nem ao menos saber se Maurício estava ferido ou não, enquanto o pai de Vivian sangrava caído ao chão.

Os transeuntes tentaram socorrê-lo, enquanto o porteiro do prédio chamava uma ambulância. A água da chuva se misturava ao seu sangue escuro que escorria pela calçada, esvaindo a vida de Maurício. Até os socorristas chegarem, seu corpo já não apresentava nenhum sinal vital.

Os Espíritos que obsidiavam Maurício em vida, continuaram o perseguindo após seu desencarne, e ele passou muito tempo acompanhado por eles sem entender o que tinha acontecido. Vagava pelas noites tentando satisfazer o vício que ainda persistia, e assim, passaram-se meses, até que se lembrou de sua filha e quis visitá-la.

Procurou Vivian por muito tempo, mas não a encontrava. Um dia, chorando sentado na praça, e lembrando-se com carinho da filha que tanto amava, uma moça veio conversar com ele e perguntou se ele não estava cansado de viver daquela forma.

– Sim, estou cansado, sujo, com fome e com muitas saudades da minha filha, mas não sei onde encontrá-la.

– Se continuar entregue ao vício, não encontrará sua filha.

– Eu não quero mais viver assim, quero me tratar outra vez e viver com minha família, mas não sei como e não consigo sair deste lugar.

– Eu posso te ajudar, venha comigo.

A força do amor pela filha fez com que Maurício pudesse ser auxiliado pelos Espíritos que aguardavam seu arrependimento e sua vontade de sair daquela situação tão triste. Assim, ele foi para um Hospital Espiritual de tratamento, onde foi assistido e finalmente compreendeu sua nova condição. Descobriu que havia sido assassinado por Eduardo, mas não se revoltou. Já havia sofrido muito e agora aguardaria com paciência uma nova chance de se redimir pelos seus erros.

* * *

Carol ficou muito abalada com o desencarne de seu ex-marido, principalmente pela filha, que tanto amava o pai. Agora, Vivian e Carol eram órfãs de pai, e as duas se ajudavam mutuamente a superar aquelas perdas tão dolorosas.

Felipe também vinha ajudando as duas amigas, pois como era órfão de mãe, ele conseguia compreender como as meninas estavam se sentindo, e fazia o possível para distraí-las e entretê-las. Sabia quando elas precisavam conversar sobre o assunto e tinha toda a paciência e delicadeza para ouvi-las.

Felipe se tornou um menino muito maduro para a idade que tinha, principalmente desde que a pandemia havia começado, pois precisava passar grande parte do seu tempo sozinho e se cuidar por conta própria. Aprendeu a cozinhar, lavar a louça, cuidar da casa para o pai e também o acompanhar em seu trabalho quando podia, já executando alguns trabalhos sozinho, como fazer a compra para os vizinhos, por exemplo. Seu pai não deixava que ele fizesse nenhum trabalho pesado, nem exigia que ele trabalhasse, mas achava importante que ele executasse algumas tarefas que julgava apropriadas para sua idade. Assim, Felipe já sabia o que era responsabilidade, mesmo com tenra idade. A vida deles não era fácil, mas quando podia aproveitava sua infância junto às amigas.

Enquanto as crianças se ajudavam a superar a ausência de seus pais, Marina, Carol e Moisés também se apoiavam uns nos outros.

Carol passou criou a tradição de comerem pizza e depois brigadeiro todo domingo à noite, e convidava Moisés, Felipe, Marina e Sofia para seu apartamento. Às vezes, Marina não aparecia devido à tristeza ainda dominar muito seu Espírito, mas aos poucos ela estava conseguindo superar o luto pela perda de André. Os dois viveram um amor muito intenso e, com aquela perda repentina, realmente não seria fácil processar o luto, mas ela vinha se esforçando.

- Vamos Marina, a pizza já está no forno e você ficou de levar aquele vinho hoje.

- Não sei se vou.

- Vem sim, você vai se sentir melhor.

- Sabe Carol, desde que André se foi eu olho para o mundo e ele me parece cinza. É como se a morte dele levasse consigo todas as cores do mundo, toda a alegria de viver.

- Eu sei que você ainda sofre muito. Mas se distrair um pouco com os amigos só vai te fazer bem.

- Sim, você tem razão. Me esforço diariamente para sair da cama e viver como as outras pessoas, mas é difícil para mim agir naturalmente quando a ausência do André me corrói a alma.

- Nada como tempo para amenizar essa dor. Mas, vamos, se esforce mais um pouco. Moisés já está subindo com Felipe. Vamos, por favor?

- Está bem, me dê apenas dez minutos e vou pentear os cabelos e colocar uma roupa.

- Não se esqueça do vinho - disse Carol, já batendo a porta atrás de si feliz por ter convencido a amiga a relaxar um pouco.

A noite correu de forma agradável, conversaram um pouco sobre os últimos acontecimentos e sobre a pandemia.

A recomendação dos especialistas, após seis meses de isolamento, era que os contatos se dessem em uma bolha social, uma espécie de contrato entre as famílias, onde eles poderiam conviver entre si tomando todas as medidas de segurança possíveis e se comprometendo a conviver apenas dentro de sua bolha. Desta forma, no caso de alguma contaminação, o isolamento e rastreamento dos sintomáticos se daria de forma mais rápida. Era uma estratégia já adotada em vários países, que trazia a possibilidade de retorno ao convívio social com certa segurança entre as pessoas. Com este convívio mantido apenas dentro das bolhas, as chances de contaminação estariam mais controladas.

Desta forma, os amigos Marina, Carol e Moisés conviviam entre si, comprometidos a não se exporem a ambientes aglomerados ou com outras famílias. Com o luto que viviam precisavam mais do que nunca um do outro.

Moisés passou a frequentar a casa de Marina também e a ajudava em suas pequenas dificuldades domésticas, pois morando sozinha com a filha, acabava se deparando com várias situações complicadas com as quais não estava acostumada a lidar. Desde abrir um pote, a verificar um vazamento, para tudo ela chamava o amigo que estava sempre pronto para ajudar. Felipe também sempre estava por perto e a ajudava, ao mesmo tempo em que Marina o auxiliava com suas dificuldades na escola.

Numa tarde de segunda-feira o tempo estava nublado e cinza e tudo parecia pacato no edifício Bouganville. Felipe havia saído para fazer as compras do casal que morava no quarto andar como costumava fazer às segundas-feiras. Passadas algumas horas, Moisés percebeu que ele não havia retornado.

Seu coração palpitou por um momento e pensou que poderia ter acontecido algo com o menino. Tocou o interfone do 404 e perguntou ao Sr. Carlos se Felipe havia levado suas compras, e ele respondeu que não. Moisés sentiu o chão sumir abaixo de seus pés. Sem pensar muito, saiu em direção à rua para ver se encontrava Felipe e viu uma ambulância próxima à rua do mercado. Correu até lá com a certeza de que tinha acontecido algo com o filho. Um filme passou em sua cabeça e as lágrimas rolavam pelo seu rosto sem que ele pudesse impedir.

Chegou em meio à aglomeração e viu a bicicleta de Felipe ao chão. Ele estava sentado dentro da ambulância com um corte no tornozelo, mas sorria para o socorrista.

Moisés suspirou aliviado ao ver que o filho estava vivo, bem, e que tinha sido apenas um susto. Um carro havia atropelado a bicicleta e ele havia caído, cortando a perna no para-choque do veículo. O motorista fugiu sem prestar socorro, mas um rapaz anotou a placa do motorista imprudente.

Moisés abraçou o filho e perguntou se havia necessidade de ir ao Hospital. O socorrista achou que seria o mais prudente, para que o médico o avaliasse e realizasse os exames que poderiam confirmar que estava tudo bem com ele.

Foram de ambulância até o Hospital, e um rapaz guardou a bicicleta de Felipe no bicicletário que havia na farmácia próxima ao ocorrido. A notícia do acidente de Felipe correu logo pelo bairro, e os moradores do edifício Bouganville ficaram assustados, pois o menino era muito querido por todos.

Marina ficou desesperada e pediu que Carol a ajudasse a chamar um carro de aplicativo, pois ela não sabia dirigir e queria ir ao Hospital ver o menino. Carol achou melhor irem juntas até lá, e deixaram as meninas com vô Everaldo para que pudessem auxiliar Moisés.

O Hospital não permitia visitas por causa da pandemia e, além disso, Felipe estava apenas em observação após realizar alguns exames. Assim, Marina e Carol não puderam nem mesmo entrar no Hospital, mas Moisés ficou feliz ao vê-las.

- Não precisavam se dar ao trabalho de vir até aqui. E onde vocês deixaram Sofia e Vivian?

- Deixei com meu pai, ele está lá em casa.

- Não havia necessidade de incomodar o Sr. Everaldo, imagina.

- Felipe é como um filho para mim, você sabe disso. Jamais deixaria de vir.

- Marina queria até pegar um carro de aplicativo sozinha Moisés, onde já se viu?

- Não havia necessidade de se preocuparem, mas eu agradeço.

- Imagina Moisés, quando Felipe tiver alta você me telefone na mesma hora e virei buscar vocês - disse Carol solícita.

Após algumas horas Felipe teve alta e realmente havia sido apenas um corte na perna, sem maiores complicações. Carol foi buscá-los como prometido e, ao chegarem, Marina desceu até o apartamento deles no térreo para ver o amigo tão querido.

- Cadê o menino mais arteiro do Bouganville?

- Tia Marina!

- Oi meu amor, olha o que eu trouxe para você - disse estendendo uma enorme caixa de bombons que o menino adorava.

- Obrigado, tia!

Marina ficou no apartamento deles até tarde da noite conversando com Moisés. Ultimamente, quando ela saía de casa, ficava adiando o retorno para não se deparar com a ausência do marido. Desta forma, ficou no sofá de Moisés, tomaram um chá e conversaram sobre a vida, sobre a viuvez e sobre como era difícil criarem os filhos sem seus cônjuges.

Marina se assustou ao ver a hora e despediu-se do amigo. Felipe já havia dormido e ela deu apenas um beijo carinhoso na testa do menino desejando, que eles tivessem uma noite de paz.

Subiu sozinha e lentamente pelas escadas até seu apartamento, tentando adiar a necessidade de encarar a solidão de seu quarto.

Enquanto isso, em seu apartamento, Moisés pensava em Marina. Percebeu que seu sentimento por ela vinha se transformando em algo especial. Nunca tinha notado o quanto ela era bonita, mas se manteria calado aceitando o papel de amigo, pois sabia que ela estava em um momento muito complicado de sua vida. Além disso, não acreditava que um dia ela pudesse olhar para ele de outra forma que não fosse como amigo. Talvez em uma outra vida, como dizia vô Everaldo.

14
SUPERAÇÃO

Com o passar das semanas, Marina foi se recuperando daquele luto tão sofrido. Voltou a trabalhar, a cuidar da filha e da casa. O final de ano se aproximava, e ela sabia que seria muito difícil para ela e para Sofia passarem um Natal sem André.

Justamente na noite de Natal, Sofia teve uma febre altíssima. Haviam combinado de passar a ceia na casa de Carol, pois a mãe dela estava presente e havia feito um jantar simples, mas especial para aquela noite. Moisés e Felipe também foram convidados e passaram o Natal com Carol, Vivian e sua mãe, mas Marina ficou sozinha em sua casa com a filha convalescente.

Sofia delirava e dizia palavras desconexas. Parecia estar vivendo uma outra vida, em outro lugar, e suava, se debatia e chamava por alguém.

Marina passou a noite em claro tentando auxiliar a filha que, em seus delírios, se recordava dos acontecimentos da encarnação anterior:

Sofia se recordava da noite de seu noivado no palácio de Bruno, quando mentiu dizendo a Moisés que tinha uma doença incurável e que não poderia se casar.

Moisés ficou consternado com aquela situação e pensava em uma forma de ajudar Sofia. Na manhã seguinte, partiu de volta à cidade, pois entendeu que não seria o local nem o momento apropriado para conversar com Bruno e sua família.

Após alguns dias, agendou uma conversa com Bruno e seu pai em seu palácio.

- Boa tarde, Bruno, eu vou ser bem direto com você. Você sabe que tenho muitos informantes na cidade, e fiquei sabendo de algo que, se não for de seu conhecimento, é importantíssimo que passe a ser.

- O que é, Moisés?

- Pois é sobre sua noiva, Sofia.

- Sofia? O que tem ela?

- Tenho um amigo médico que me confidenciou que seu casamento dificilmente irá ocorrer - disse Moisés, omitindo que a informação sobre a doença de Sofia tinha vindo de seus próprios lábios.

- Mas, por que razão?

- Ela não sobreviverá por mais de dois meses. Tem uma doença no coração que ceifará sua vida em breve. Como sei que estão fazendo planos de casamento, você não deveria estar sabendo da verdade, e achei melhor te avisar para que não se torne viúvo antes mesmo de se casar.

Bruno ficou em choque com aquela notícia. Estava tão apaixonado por Sofia que não podia imaginar que algo tão terrível acontecesse com ela.

Seu pai, muito racional, achou melhor cancelarem o casamento, mas disse que poderiam oferecer todo suporte que a moça necessitasse para tratar de sua doença.

Sofia fingiu se sentir ofendida com o cancelamento do casamento e com a forma que Bruno e seu pai lidaram com a situação. Disse que nunca mais queria vê-lo e abriu o caminho para que Moisés e ela se aproximassem.

Como esperado, Moisés a procurou após alguns dias para saber como ela estava. Sofia chorou compulsivamente, dizendo estar muito abalada com o fim do noivado e que se sentia muito solitária, como se sua vida já tivesse acabado.

Moisés sentiu muita pena da moça e disse que, enquanto houvesse vida, ela deveria vivê-la da melhor forma que pudesse.

- Não se sinta só e nem triste. Enquanto, você puder abrir os olhos e ver, quero que veja toda beleza que há no mundo. Se eu pudesse a levaria para viajar, e assim você poderia admirar tudo de mais belo que existe na natureza nos diversos locais que já visitei. Se eu pudesse te daria todo luxo, poder e tudo mais que você quisesse para que você fosse feliz até o último dia de sua vida.

- Eu adoraria poder viajar com você e experimentar tudo de mais belo que há pelo mundo. Porém, meu pai adotivo, Paulo, jamais deixaria eu viajar sozinha com um homem que não seja meu marido.

- Pois eu me casaria com você agora mesmo, basta dizer que sim.

- Sim, sim eu quero me casar com você, Moisés.

Moisés ficou radiante de alegria e mal podia acreditar em ter aquela mulher belíssima em seus braços. Estava perdidamente encantado com sua beleza, pureza e seu olhar ingênuo. Nunca havia pensado em se casar, porém a urgência daquele amor que tinha data para terminar, não permitiu que ele pensasse duas vezes. Organizou em poucas semanas o casamento mais luxuoso e grandioso que a cidade já havia presenciado.

Todos os membros da sociedade foram convidados para o casamento. Na noite planejada para o evento, Sofia se admirava no espelho com um vestido longo, os cabelos presos em uma trança comprida e pensava que, enfim, seu plano se concluiria. Casar-se-ia com Moisés naquela noite e alcançaria seu objetivo. Ela mal podia esperar para vingar-se dele de uma vez por todas, vingando assim a morte de seu pai, de sua mãe e do bebê que a mãe esperava ao morrer.

Casaram-se naquela noite, em uma linda festa, e no dia seguinte viajaram a sós, somente com alguns empregados de Moisés os acompanhando. Ao chegarem em um grande lago de uma cidade próxima, Sofia guardou cuidadosamente um punhal dentro de seu vestido e convidou Moisés para observar a paisagem mais de perto.

Ao chegarem próximo ao lago, a sós, os olhos de Sofia se modificaram. Olhou para Moisés com todo ódio que guardou durante todos aqueles anos em sua alma;

– Agora é chegada a hora de você pagar pelo que fez à minha família.

– Sua família? Mas eu não fiz nada a eles, o que diz?

– Sim, você fez. Você seduziu minha pobre mãe, Marina, e arrancou ela dos braços do meu pai e da segurança de nosso lar, levando-a apenas para se divertir e depois abandoná-la grávida! – continuava com sede de vingança ao falar com emoção. – Meu humilde pai não suportou a vergonha e a humilhação de ser trocado por um homem rico, de ser abandonado pela esposa, e morreu de tristeza. E minha mãe se suicidou ao perceber que tinha sido vítima de um sedutor vil e cruel.

– Sua mãe era a Marina? – disse trêmulo e surpreso.

– Sim, era a Marina. E agora você morrerá pelas minhas mãos e tomarei toda sua riqueza, já que você se casou comigo. Como se sente ao ser enganado? Espero que sinta ao menos um pouco da dor que minha mãe e meu pai sentiram ao serem enganados por você – e avançou até ele com o punhal, desferindo o golpe que tomaria sua vida.

Sem chance de defesa, ele caiu ao chão sentindo a vida esvair de si junto ao sangue que jorrava de seu ventre.

– Sofia, me ajude, por favor, não faça isso.

– Tarde demais – disse com frieza, vendo Moisés agonizar. Amarrou em seus pés algumas pedras e empurrou seu corpo, que caiu no fundo do lago para que ele não tivesse chance alguma de sobrevivência.

Moisés, por ter enganado muitas pessoas ao longo de sua vida, foi perseguido pelas suas vítimas no Mundo Espiritual e apenas após muitos anos de sofrimento, se arrependeu de seus crimes e mentiras, rogando que fosse perdoado por todas elas. A Misericórdia Divina fez com que ele tivesse a chance de se redimir de seus erros por meio de várias reencarnações, onde ele experimentaria uma vida de humildade e de dificuldade, para que compreendesse que os reais valores da vida eram o amor, a família, o trabalho, a abnegação e o perdão.

Assim, após outras encarnações já vividas anteriormente na humildade e na dificuldade, agora ele tinha a oportunidade de conviver novamente com Marina, André e Sofia, para que finalmente se perdoassem e aprendessem a se amar.

Após a morte de Moisés, Sofia enganou a todos dizendo que eles foram assaltados por cruéis bandidos que assassinaram Moisés próximo ao lago e levaram seu corpo consigo, além de algumas joias que ele usava, as quais ela atirou no lago juntamente com o corpo do recém marido.

Sofia ficou com toda a riqueza de Moisés, assumiu a posição de proprietária de seu palácio e com o aprendizado adquirido com o pai adotivo, Paulo, assumiu também os negócios do falecido marido.

Mas, toda sua vida de riqueza, luxo e poder, nunca lhe trouxe felicidade e ela vivia sempre com os olhos tristes, sentindo que trocaria tudo aquilo por sua humilde vida no campo, com seu pai, sua mãe, seus animais e suas plantações.

Nunca mais se casou e viveu na solidão até o fim de seus dias.

* * *

Na manhã seguinte, dia vinte e cinco de dezembro, Sofia acordou sem febre. Tinha tido uma noite agitada e com muitos pesadelos, mas agora se sentia melhor. Pediu a mãe um copo d'água seguido de outro e mais outro. Depois tomou um banho demorado e sentiu um alívio percorrer seu corpo, como se sua alma tivesse sido lavada naquela noite e naquele banho.

Passaram o dia com Carol, Vivian, Moisés e Felipe. Foram até uma praça próxima ao prédio e as crianças andaram de bicicleta em uma pequena pista, enquanto os três adultos conversavam sentados em um banco.

– Que bom que Sofia está melhor, fiquei preocupado com ela ontem – disse Moisés.

– Sabe como são as crianças. Tem uma febre a noite e no dia seguinte parece que nada aconteceu.

– Verdade, vai entender.

– E como foi a noite de Natal de vocês?

– Foi diferente, acima de tudo. Todos os anos eu viajava com Felipe para passar com minha família no interior, mas como orientaram que evitássemos aglomerações, achei melhor ficar por aqui mesmo.

– Sua família no interior é muito grande?

- É sim, tenho três irmãos e oito sobrinhos, fora os primos e tios que passam o Natal conosco também.

- Realmente seria muito perigosa toda essa aglomeração. Você fez bem em ficar aqui.

- Sim, é o que dizem na televisão.

- Parece que essa doença nunca mais vai embora. Já vai fazer um ano que estamos neste isolamento.

- Sim, mas agora nem tão isolados assim. Quase tudo está reabrindo e acredito que no ano que vem, as aulas devem retornar - disse Carol.

- Na verdade - respondeu Marina -, no dia 09 de dezembro, o Ministério da Educação autorizou as aulas não presenciais até dezembro de 2021. Por isso, creio que vai ficar a cargo das escolas decidirem se retomam as aulas presenciais ou não e, caso retomem, os alunos e os pais de alunos que não se sentirem seguros de retornar, poderão continuar assistindo as aulas *on-line*.

- Eu não vou enviar Vivian para a escola tão cedo! Enquanto puder ficar em casa, ela ficará.

- E a tal da vacina? Eu ouvi dizer que já iniciaram a vacinação lá no Reino Unido, é verdade?

- É verdade, e essa é a nossa grande esperança. Aqui no Brasil, as vacinas ainda estão em fase de testes, mas creio que ano que vem iniciarão a vacinação.

- Não vejo a hora de tomar esta vacina - disse Carol.

- Eu sinto duas coisas neste momento: sonho em deixar esse ano de 2020 para trás, e que 2021 traga novas esperanças para nossa vida.

- É bom te ouvir falando assim, Marina - comentou Carol.

- Muito bom mesmo - respondeu Moisés.

Marina sorriu timidamente, enquanto observava a algazarra das crianças que corriam livremente pelo parque naquela tarde de sol e calor.

* * *

O ano de 2020 se encerrou para alívio de grande parte da população que havia sofrido tanto naquele difícil período de pandemia, isolamento e perdas. O ano de 2021 chegava com ares de esperança, promessa de uma vacina e a retomada de grande parte das atividades. No entanto, após um final do ano onde muitas famílias retomaram o convívio e voltaram a se reunir, o vírus passou a se espalhar novamente.

Marina se despediu de 2020 da varanda de seu apartamento. Sofia já tinha dormido, mas ela ficou acordada até a meia noite, observando o céu, pensando em tudo que viveu e decidiu que não dava mais para continuar vivendo do jeito que vivia quando era casada com André. Sabia que era hora de tomar as rédeas da sua vida. Não podia continuar esperando que todos viessem resolver os seus problemas, auxilia-la nas suas dificuldades e até tomar conta de sua filha em seu lugar. Prometeu para si mesma que seria forte e corajosa, e que nunca mais sofreria por situações que dependiam apenas dela. Queria se tornar independente e dona de sua vida. Afinal, nem tinha outra opção.

Sentou-se em seu sofá, apanhou um bloco de notas e fez uma lista de resoluções para 2021. Não queria continuar sofrendo, se lamentando e se vitimizando. Sim, ela tinha passado por uma dor terrível, perdeu o grande amor de sua vida, o pai de sua filha, para uma doença trazida por uma pandemia mundial. Realmente era muito triste tudo que ela tinha passado, mas sabia que se entregar ao sofrimento não traria seu marido de volta.

Começou a escrever sua lista de resoluções para 2021:

1. **DESFAZER-SE DOS OBJETOS E ROUPAS DE ANDRÉ.**
Pensou que não queria mais viver em meio a todas aquelas lembranças que somente tornavam seu processo de luto mais sofrido. Separaria alguns objetos favoritos e pediria a Sofia que escolhesse algo que ela quisesse guardar do pai. Todo o resto iria para a doação.

2. **TIRAR CARTEIRA DE MOTORISTA.**
Era impossível continuar tendo um carro na garagem, mas seguir dependendo dos outros para se deslocar pela cidade, fazer uma compra e levar Sofia em seus afazeres. Com a retomada das atividades, era urgente que ela se tornasse mais independente neste sentido.

3. **APRENDER DE VEZ A USAR OS APLICATIVOS DO CELULAR.**
Estava cansada de não saber chamar um carro de aplicativo, pedir um almoço e depender dos outros para executar tarefas simples. As facilidades tecnológicas seriam muito úteis para ela que agora que era mãe solo e viúva.

4. **ORGANIZAR AS CONTAS DA FAMÍLIA.**
Estas tarefas haviam sido sempre feitas por André e ela frequentemente se esquecia de pagar uma ou outra conta. Na verdade, nem sabia como estava a vida financeira da família. Iria ao banco naquela semana para organizar as contas e o futuro de Sofia, pois sabia que André havia deixado um seguro em seu nome.

5. **SER UMA MÃE MELHOR.**
Estava triste consigo mesma por não ser tão presente na vida da filha desde o falecimento de André. Sabia que Sofia precisava dela mais do que nunca, e estava errando muito ao não dar a atenção que a filha precisava. Mudaria aquilo com urgência.

6. VOLTAR A VIVER.
Sim, este era o item mais importante de sua lista de 2021. Precisava voltar a encontrar alegria na vida. Ainda não sabia como fazer isso, mas era algo que ela buscaria a todo custo.

Fechou seu bloco de anotações e abriu um livro de mensagens Espíritas que seu pai Everaldo havia dado a ela. Influenciada por Espíritos Protetores que a envolviam em uma esfera de paz e harmonia, ela leu a seguinte mensagem:

> *"Nunca estarás a sós. Ante a névoa das lágrimas, quando a incompreensão de outrem te agite os sentimentos, lembra-te de alguém que sempre te oferece entendimento e conforto. E quando perguntares quem será esse alguém que nunca te desampara e que te garante a vida, em nome de Deus, deixa que os teus ouvidos se recolham aos recessos da própria alma e escutarás o coração a dizer-te na intimidade da consciência que esse alguém é Jesus[34]".*

Lili latiu para ela abanando sua cauda, como se confirmasse que ela nunca estaria sozinha. Acariciou a cadela e deu um longo suspiro, sentindo que o pior que podia acontecer já havia acontecido, e ela havia sobrevivido.

* * *

Já na primeira semana de janeiro Marina se inscreveu na autoescola de seu bairro, disposta a aprender a dirigir. Desfez-se de grande parte das coisas de seu marido e foi ao banco resolver suas pendências. Surpreendeu-se ao saber que a vida financei-

34 EMMANUEL, **Algo Mais,** psicografia de Francisco Cândido Xavier. 1980, Editora Ideal.

ra da família estava indo muito bem, pois André havia feito diversos seguros que garantiam o futuro da filha e a tranquilidade financeira de Marina. Com seu salário de professora, mais a pensão da filha e os seguros de André, dinheiro não seria uma preocupação na vida dela e de Sofia. Agradeceu mentalmente ao marido por ter pensado em tudo aquilo, pois eram coisas que ela mesma nunca havia parado para refletir e se organizar.

Pediu algumas aulas a Felipinho para aprender a mexer nos aplicativos do celular. Pediram diversos lanches por *delivery* como recompensa para o menino, além de passearem de carro pelos bairros próximos da cidade, apenas para testarem a utilização do aplicativo de transporte, e acabaram se divertindo bastante juntos.

Marina viu que era tudo mais fácil do que ela imaginava, e se sentia cada dia melhor com tudo que estava realizando.

– André deve estar orgulhoso de mim, caso ele possa me ver – pensava consigo mesma.

Passou a dar mais atenção a filha e as duas passaram a fazer terapia *on-line*, para superarem o luto com um acompanhamento de um profissional, o que auxiliou muito a relação de mãe e filha.

A academia onde praticavam esportes finalmente reabriu e Sofia pôde retomar suas aulas de natação, o que a deixou muito feliz e animada. Marina deixou de praticar *Yoga* e optou por outra modalidade de exercícios: faria aula de dança e de luta, pois queria se desafiar a realizar novas atividades.

Também foi ao salão e mudou o cabelo, cortando eles bem curtinhos, e também fez luzes para mudar o visual. Estava cansada de olhar para si mesma do mesmo jeito, e a mudança fez um bem enorme a sua autoestima. Sentia-se cada dia mais forte e independente.

Seguiu o conselho de seu pai e passou a assistir as *lives* da Casa Espírita frequência. Era um programa que fazia questão de fazer com a filha, até por recomendação de vô Everaldo. Ele vinha visitá-las todas as quartas-feiras e passaram a fazer o Evangelho no Lar juntos, o que fez com que a harmonia entre os familiares se estabelecesse e Marina sentiu que aquela nuvem de tristeza que havia feito morada em sua casa nos últimos meses, havia ido embora de vez.

Sofia continuava a fazer as aulas de Evangelização infantil à distância e assim alcançou grande compreensão frente a tudo que havia sofrido e enfrentado com o desencarne de seu pai. A professora de Evangelização era muito carinhosa e solícita, e as duas conversavam com frequência pela internet. Sofia vinha se encantando cada vez mais com o Espiritismo e, com a grande curiosidade que tinha, aprendia tudo com rapidez e facilidade. Vô Everaldo também era um grande mestre da Doutrina e as conversas entre os dois giravam sempre em torno da vida, da morte e do Mundo Espiritual.

Sofia compreendeu que tudo que sofreu tinha uma razão de ser, e que precisava aceitar seu destino com resignação, pois nada acontecia sem a permissão de Deus. Assim, passou a encarar a vida de forma mais leve e a auxiliar seus amigos que também haviam perdido seus familiares queridos, como Felipe e Vivian.

Aprendeu em suas aulas que a Terra era um planeta de provas e expiações, e que a grande maioria dos Espíritos encarnam neste planeta por terem muitas faltas a expiar, mas com trabalho, esforço pessoal e as dificuldades e obstáculos encontrados durante a jornada encarnatória, os Espíritos evoluem para que possam, pelo seu próprio merecimento, subir os degraus da evolução e um dia virem a habitar um planeta mais feliz.

Porém, cada um, por meio de suas escolhas, ou usando a palavra que sua professora explicava, o livre-arbítrio, tornava sua própria evolução mais rápida ou mais lenta. Aquele que se dedicasse a trabalhar no bem e enfrentasse com coragem e resignação as dificuldades da vida, com certeza evoluiria mais depressa do que aquele que se revoltasse diante dos problemas que encontrasse. A pandemia mundial, dizia a professora, era uma grande oportunidade para que cada um encontrasse um meio de superar seus próprios desafios pessoais. Alguns sofriam com a morte de entes queridos e amigos, outros sofriam com a solidão do isolamento, outros com a perda de empregos e dificuldades materiais, mas se cada um se ajudasse um pouco, se cada pessoa em dificuldade estendesse a mão à outra, a humanidade certamente ascenderia moralmente após aquele longo período de turbulência. Porém, isso dependia das ações e pensamentos de cada uma das pessoas que habitavam o planeta naquele momento.

Sofia aprendia e auxiliava a mãe a enfrentar o luto e as dificuldades da maternidade solo, e buscava ajudar também seus amigos do edifício Bouganville. E todos eles praticavam aquilo que ela os ensinava e auxiliavam-se mutuamente dia após dia.

Em janeiro de 2021 a pandemia ainda estava distante de terminar: No dia 07 de janeiro o Brasil atingiu a triste marca de duzentas mil mortes causadas pela Covid-19, sendo o segundo país do mundo com maior número de óbitos, atrás somente dos Estados Unidos[35]. Uma semana depois, o estoque de oxigênio em Manaus se esgotou e o sistema de saúde colapsou, causando dezenas de mortes por asfixia[36], uma tragédia sem precedentes no país.

---

35 G1. **Brasil chega a 200 mil mortes por Covid-19 sem vacina e sob risco de repetir piores momentos da pandemia.** Disponível em: https://g1.globo.com/bemestar/coronavirus/noticia/2021/01/07/brasil-chega-a-200-mil-mortes-por-covid-19-sem-vacina-e-sob-risco-de-repetir-piores-momentos-da-pandemia.ghtml. Acesso em: 18 de janeiro de 2023.

36 G1. **Documentos mostram que mais de 30 morreram nos dois dias de colapso por falta de oxigênio em Manaus.** Disponível em: https://www1.folha.uol.com.br/colunas/monicabergamo/2021/01/oxigenio-acabou-e-hospitais-de-manaus-viraram-camara-de-asfixia-diz-pesquisador-da-fiocruz.shtml. Acesso em: 19 de janeiro de 2023.

Entretanto, mesmo com tantas notícias tristes, uma nova esperança surgia no horizonte dos brasileiros naquele mesmo mês. No dia 17 de janeiro, a ANVISA (Agência Nacional de Vigilância Sanitária) finalmente aprovou, após diversos testes realizados, o uso de uma vacina contra a Covid-19, e a primeira pessoa, uma enfermeira de 54 anos, foi vacinada no Brasil[37].

A notícia do início da vacinação, fez com que Marina e Sofia ficassem emocionadas pensando como era triste André ter falecido antes da chegada da vacina no país, pois, caso contrário, o rumo de suas vidas teria sido completamente diferente e ele poderia estar ali, vivo, comemorando aquela notícia ao lado delas.

37 MACHADO, Lívia; FEITOSA JÚNIOR, Alessandro; PAULO, Paula Paiva; RODRIGUES, Rodrigo. **Logo após aprovação da ANVISA, governo de São Paulo aplica em enfermeira a 1ª dose de vacina contra Covid-19 no Brasil.** Disponível em: https://g1.globo.com/sp/sao-paulo/noticia/2021/01/17/apos-aprovacao-da-anvisa-governo-de-sp-aplica-1a-dose-da-coronavac-antes-do-inicio-do-plano-nacional-de-vacinacao.ghtml. Acesso em: 18 de janeiro de 2023.

15

FINAL

- Mamãe, mamãe, cheguei! Onde você está, tenho uma novidade!!

- Que susto você me deu Sofia, o que houve?

- Meu professor de natação disse que semana que vem virá uma treinadora de uma escola de natação do Rio de Janeiro para assistir o campeonato, e os melhores colocados ganharão uma bolsa para serem treinados nessa escola, que é a melhor do país.

- Que notícia maravilhosa! Você ficará entre os melhores colocados, com certeza! Mas o importante é dar o seu melhor a cada dia. Assim, chegará onde deseja.

- Sim, papai sempre me dizia isso também - respondeu sorrindo. - Vamos chamar o vovô para assistir o campeonato? O professor disse que cada aluno poderá levar apenas duas pessoas, por causa do distanciamento social.

- Vamos sim, ele vai adorar.

- Vou na casa da Vivian contar a novidade.

- Vou com você!

As duas tocaram a campainha da casa da vizinha e foram prontamente atendidas. Sofia contou a novidade para a amiga que ficou muito feliz por ela. Vivian também tinha novidades por sua vez.

- Lembra que o meu avô, pai do meu pai, faleceu há dois meses? Ele ficou muito triste com a partida do papai e dizem que não suportou o sofrimento, sabe?

- Sim, eu me lembro que você comentou.

- Pois é, mas o que eu não sabia era que ele era muito rico, pois era dono de uma grande empresa. Daí minha mãe disse que o advogado dele chamou ela para conversar esta semana, e que ele deixou toda sua herança para mim. No caso, a minha mãe que é minha responsável legal, ficará com os bens, imóveis e a empresa até eu completar vinte e um anos.

- Mas, ele não morava em uma casa enorme?

- Sim, a casa também ficou para a gente.

- Vocês vão se mudar para lá?

- Sim, minha mãe disse que nós iremos em breve.

- Nós não seremos mais vizinhas, isso é triste.

- Mas, esta casa é muito linda, tem piscina e você pode ir me visitar todos os dias e até dormir lá se sua mãe deixar. Felipe também!

- Que legal! Neste caso acho que será divertido! E posso treinar para os campeonatos na sua piscina.

- Sim, e eu te ajudo a cronometrar o tempo e tudo mais.

- Combinado!

As duas amigas continuaram a conversar e brincar juntas enquanto Carol contava a novidade para Marina.

Após alguns dias, Carol iniciou sua mudança do edifício Bouganville. Tinha passado muitos momentos felizes naquele lugar, e se despedia dos amigos já com saudades de todos.

- Moisés, a pizza e brigadeiro ainda estão de pé. Todo domingo quero ver vocês lá em casa.

- Sim, é só chamar que estaremos lá. E precisando de algo, pode me ligar.

- Obrigada, Moisés.

E assim, Carol encerrava uma etapa em sua vida para começar uma nova caminhada, em uma outra situação. Seria um grande desafio para ela lidar com tudo que o pai de Maurício havia deixado para sua filha, mas ela estava acostumada a encarar toda e qualquer mudança com coragem e maturidade. Tiraria de letra mais aquele desafio.

Sofia por sua vez, ficou em segundo lugar no campeonato, e conseguiu a bolsa para a renomada escola de natação na capital do Estado. Marina ficou muito apreensiva, pois caso Sofia realmente quisesse ir elas teriam de se mudar para uma cidade grande sozinhas. Marina teria que procurar um emprego por lá e mudar toda a sua vida. E ela ainda era muito insegura.

Resolveu conversar com a filha para saber o quanto ela queria aquilo:

- Filha, caso você queria realmente ir, nós teremos que nos despedir do nosso apartamento, do vô Everaldo, Vivian, Carol, Moisés, Felipe e de todas as suas amiguinhas da escola e da natação. Será que é isso realmente que você deseja?

- Sim, mamãe. Você sabia que nessa escola já passaram vários atletas olímpicos? Você já pensou se eu consigo uma vaga nas Olimpíadas? E me despedirei dos meus amigos daqui, mas, podemos sempre voltar para visitá-los. Além disso, no Rio faremos novos amigos.

Era impressionante a maturidade e leveza com que Sofia encarava aquela situação. Marina vinha aprendendo muito com a filha nos últimos meses. A forma com que ela lidou com o luto, o aprendizado Espírita e a forma que ela lidava com as situações adversas que apareciam, tudo isso mostrava como ela havia desenvolvido uma segurança que era contagiante.

Marina pensou muito e decidiu que já era hora de uma mudança em suas vidas. Sim, iriam para a capital, como era a vontade de Sofia. Ela pediria demissão da escola e alugaria o apartamento em que moravam. Como a situação financeira que André havia deixado para elas era tranquila, ela nem teria pressa de conseguir um novo emprego. Poderia se dedicar a acompanhar a filha em seus treinos e, se aparecesse algum emprego para ela, ela poderia voltar a trabalhar, mas sem pressa.

Agora já se sentia diferente, independente, cuidando de sua vida com a filha sozinha, e sabia que uma mudança seria bem-vinda para ambas. Deixariam para trás as lembranças, a vida que tinham e buscariam algo novo.

Contou a novidade para Carol, que ficou triste pelo afastamento da amiga, mas entendia que ficar ali levando a vida do mesmo jeito que levava com André, sem a presença dele, seria muito doloroso para ela e para a filha.

– Será uma excelente oportunidade para Sofia. Já pensou assistirmos ela competindo em campeonatos nacionais e quem sabe até nas Olimpíadas um dia?

– Sim, é o sonho dela e agora temos a oportunidade de realizar este sonho. Não tenho como me negar a acompanhá-la nessa nova jornada. E sabe de uma coisa? Estou animada em ter uma vida nova.

– Que bom que se sente assim. Pode contar comigo para o que precisar.

– Obrigada! Ter o apoio de vocês e de meu pai é muito importante para mim.

- E Moisés? Você já contou a notícia para ele?

- Ainda não.

- Acho que ele não vai ficar muito feliz.

- Sinto o mesmo. Eu sei que Moisés sente algo por mim, mas ele sabe que eu não conseguiria me relacionar com ninguém neste momento, por mais especial que ele seja. Eu gosto muito dele, mas apenas como amigo.

- É uma pena, vocês formariam um belo casal. E Felipe e Sofia poderiam ser irmãos.

- Eu cheguei a pensar nisso também, mas meu coração ainda não é capaz de amar outro homem.

- Eu entendo, dê tempo ao tempo, e se um dia você se sentir pronta para seguir adiante, a pessoa certa aparecerá.

- Não é algo que eu esteja ansiando. Na realidade, hoje só me vejo com a minha filha, e quero buscar toda a independência que eu puder para que possamos levar uma vida tranquila, só nós duas.

- Sei como é isso, eu também me senti assim desde que me separei de Maurício.

- Sim, e eu me inspiro muito em você.

- E eu estou muito orgulhosa de você. Tirou sua carteira de motorista, está dirigindo, fazendo aulas de dança, de luta, levando sua vida sem depender de ninguém. Isso é maravilhoso.

- Sim, está sendo muito libertador. E Sofia também tem sido muito madura ao lidar com todas as mudanças, e tem me ajudado em tudo. Em casa, tem feito suas tarefas sozinha, e tem sido uma grande companheira para mim.

- Que bom, fico muito feliz por vocês estarem bem.

As amigas se abraçaram e curtiram o dia na piscina juntas, enquanto ainda moravam próximas. Ao chegar em casa, Marina foi até a casa de Moisés e contou que se mudaria para o Rio com a filha.

– Se é para o bem de vocês, eu só posso te felicitar pela novidade. Mas saiba que vocês farão muita falta aqui no edifício Bouganville.

Felipe ouviu a notícia e caiu em prantos. Amava Marina como se fosse sua segunda mãe, e perdê-la tocava em feridas ainda abertas em seu coração.

Marina conversou com ele e garantiu que estaria sempre presente em sua vida, não importava a distância. E cumpriria sua palavra, pois poderiam se falar todos os dias pela internet e, tudo que ele precisasse, ele poderia contar com ela. Ele ficou um pouco mais tranquilo, mas sentiria muita falta de Marina e Sofia.

Moisés consolou o filho após a partida das duas e as palavras que dizia ao filho também o consolavam, pois ele já sentia a falta delas:

– Sabe Felipe, a vida é assim mesmo! Uns vão, outros vem, e cada um que passa pela vida da gente deixa algo de si e leva algo de nós. Mas o amor permanece vivo, não importa a distância que estejamos daqueles que amamos.

Oseas e Berenice observavam a conversa de Moisés com seu filho. Então, Oseas comentou:

– Eles vão ficar bem. Os Espíritos que convivem uns com os outros durante uma encarnação, têm o propósito de se auxiliarem mutuamente para evoluírem. Após concluírem certa etapa de evolução, é normal que se afastem para que possam continuar seu aprendizado e sua jornada rumo a ascensão Espiritual. E como Moisés disse a Felipe, o amor permanece sempre vivo, e é este amor fraternal que precisa reinar entre os homens na Terra para que ela se torne um lugar feliz.

– Sim, é verdade. Fico feliz por Moisés estar se saindo tão bem com o filho e sua vida, apesar das dificuldades. Ele certamente superou muitas de suas imperfeições ao longo do tempo, e tem sido um exemplo para muitos ao seu redor.

- Verdade. Marina também evoluiu muito após o desencarne de André. É impressionante como ela amadureceu e adquiriu coragem com tudo o que passou.

Os Mentores estavam orgulhosos por seus amigos encarnados estarem superando as dificuldades e finalizarem uma etapa importante em sua encarnação, deixando para trás muitas dores e mágoas do passado. Aprenderam a se amar e o caminho, dali para frente, certamente seria de progresso e elevação moral para todos eles.

* * *

Marina e Sofia haviam se mudado para a capital do Rio de Janeiro há alguns meses e era chegado o dia em que a faixa etária de Marina poderia ser vacinada contra a Covid-19. Sofia acompanhou a mãe até o posto de saúde onde estava ocorrendo a vacinação e, ao receber sua primeira, dose Marina se emocionou e, enquanto a filha fazia um vídeo pelo seu celular, ela não conseguiu conter as lágrimas lembrando-se de tudo que ocorreu em sua vida desde que a pandemia começou. Foi como se um filme passasse pela sua mente, lembrando-se das primeiras notícias do vírus, do temor que sentiu da contaminação, da doença e falecimento da sogra, seguido da triste despedida de seu grande amor, André. Mas, ao mesmo tempo sentia que agora poderia virar aquela página da sua vida, pois com a imunização, ela sabia que a chance de que a doença se desenvolvesse de forma grave em seu organismo era bastante reduzida.

Mãe e filha abraçaram-se e saíram do posto sorridentes e felizes, com a certeza de que haviam superado a fase mais difícil de suas vidas. Postaram em suas redes sociais o vídeo de Marina recebendo sua primeira dose em meio às lágrimas e todos os seus amigos mandaram mensagens positivas para elas, felicitando-as pela alegria de estar imunizada a partir daquele momento.

Após algumas semanas, Marina conseguiu uma vaga como professora em uma escola particular no bairro em que moravam, e Sofia foi matriculada no mesmo local, pois tinha direito a uma bolsa devido ao cargo da mãe. A partir daquele mês, seriam retomadas as aulas presenciais e foi com muita alegria que elas começaram uma nova etapa, voltando aos poucos o convívio social e fazendo novas amizades.

Os professores da escola receberam Marina e Sofia com muito carinho, e logo conheceram a história delas, que não era uma exceção. Outros professores haviam perdido familiares para o Coronavírus, e com isso, solidarizaram-se com sua história e com a coragem das duas ao iniciarem uma nova vida na cidade sozinhas.

Logo fizeram novos amigos e na escola de natação não foi diferente. Sofia se destacou rapidamente entre os alunos devido a sua dedicação, e conquistou a simpatia de colegas e de instrutores. Marina fez amigas entre as mães de outros alunos e assim o tempo foi passando e cicatrizando as feridas que elas carregavam no peito.

Nos feriados prolongados, costumavam viajar de volta ao interior para visitar os familiares e amigos. Sempre que iam até lá, Carol fazia um jantar ou o antigo programa da pizza a noite para recebê-las em sua linda casa onde morava com a filha.

Nunca perderam o contato com Moisés e Felipe, e Marina cumpriu sua promessa de sempre auxiliar o menino, materialmente e afetivamente, e o carinho entre eles perduraria por toda a vida.

Vô Everaldo continuou a participar de suas atividades e tarefas na Casa Espírita virtualmente, até que em 2022 finalmente a Casa reabriu suas portas para as palestras e cursos presenciais, após dois longos anos de atividades virtuais.

Entre os meses de fevereiro e março de 2022, foi registrada queda nos casos de Covid-19 e de mortes pelo vírus na cidade do

Rio de Janeiro, tudo graças ao avanço da vacinação entre a população e ao início da vacinação das crianças a partir dos cinco anos de idade. As prefeituras das cidades de todo o país passaram a liberar do uso de máscaras em locais fechados.

Apesar desta flexibilização, a pandemia ainda não havia terminado. De acordo com os especialistas, o distanciamento social continuava a ser necessário e os grupos mais vulneráveis deveriam continuar usando máscaras.

Para que fosse decretado o fim da pandemia, seria necessário que a circulação do vírus reduzisse, regredindo para um nível endêmico, ou seja, continuaria circulando entre a população, porém atingindo um status de doença recorrente e típica que se manifesta em uma determinada região, mas para a qual a população e os serviços de saúde estejam adequadamente preparados.

* * *

Sem dúvida, a pandemia da Covid-19 foi um divisor de águas para todos os que sofreram suas consequências, independentemente do grau de desafio que cada um enfrentou, pois ela mudou a vida de toda a população. Mudou a forma de trabalhar, de conviver e se relacionar com o próximo, exigiu de todos, muita paciência, solidariedade, empatia e aqueles que utilizaram estes desafios para se aprimorar, conseguiram se elevar espiritualmente, pois é por essa razão que as provações chegam até a humanidade, seja na forma de uma doença, da perda de um ser amado ou de uma convalescença. Tudo ocorre para que cada um encontre uma maneira de lidar com as contrariedades, trazendo elevação moral, tecnológica e psíquica. Nem todos conseguem lidar com os obstáculos de forma positiva, e muitos acabam adoecendo física ou psicologicamente ao enfrentar uma grande dificuldade, mas a Espiritualidade está a todo tempo amparando e intuindo cada ser humano para que ninguém esteja sozinho e para que todos sigam firmes na direção do bem e do progresso moral.

Buscando a transformação moral, o amor ao próximo e o respeito à natureza, o homem será capaz de enfrentar quaisquer situações difíceis que surjam em seu caminho, aproveitando-as para que possa aprimorar-se individual e coletivamente, transformando o planeta Terra em um mundo mais feliz, onde a fraternidade e o amor reinem soberanos, acima do egoísmo, do orgulho, da vaidade e do materialismo, ainda tão dominantes no planeta. Depende de cada habitante fazer com que o reino de amor e paz seja uma realidade na Terra.

Que todos lembrem-se do convite de Jesus aos que estivessem passando por situações adversas a descansarem em seu amor: "*Vinde a mim todos os que estais cansados e oprimidos, e eu vos aliviarei. Tomai sobre vós o meu jugo, e aprendei de mim, que sou manso e humilde de coração, e encontrareis descanso para as vossas almas. Porque o meu jugo é suave, e o meu fardo é leve*[38]".

* * *

Em maio de 2022, Sofia foi selecionada entre os alunos para uma competição nacional de natação. Marina sentou-se na primeira fileira para assistir a performance da filha e estava ansiosa. Preparou a câmera do celular e suas mãos tremiam ao segurá-lo na posição correta, dificultando a tarefa de filmar a competição para enviar aos familiares e amigos que, por conta da distância, **não puderam comparecer.**

Seu coração batia apressadamente ao avistar a filha mergulhando perfeitamente na piscina azul, e viu tudo como se estivesse em câmera lenta. Ela avançou rapidamente pela piscina e em

38 Mateus, 11:28-30

poucos segundos alcançava a primeira posição no campeonato. Sofia sorriu para a mãe que correspondeu com um aceno e uma lágrima escorreu de seus olhos.

Marina sentiu como se alguém a abraçasse e olhou para trás, mas não viu ninguém. Tinha certeza que André estava ao seu lado, feliz pela vitória da filha. Pensou:

- André, nossa filha está indo muito bem! Que orgulho você deve estar sentindo dela, assim como eu.

André realmente estava ali ao seu lado, e pôde compreender o que ela pensava. Sorriu satisfeito ao ver a amada esposa e a filha felizes, seguindo a vida delas apesar de todos os percalços. Falou suavemente no ouvido de Marina:

- Meu amor, como estou feliz e orgulhoso por Sofia e por você. Sempre que Deus me permitir, estarei junto a vocês comemorando cada vitória, e as consolando em cada dor. O amor verdadeiro nunca morre e estaremos sempre unidos pelos laços do afeto que sentimos uns pelos outros. Siga confiante e com fé, pois você sempre estará amparada por Deus e pela Espiritualidade amiga, minha amada Marina - deu um beijo suave em seu rosto e despediu-se sabendo que era apenas um até breve.

Sofia saiu da piscina e recebeu sua medalha no pódio sorridente. Marina tirou fotos da filha e correu para abraçá-la assim que terminaram as formalidades.

- Mamãe, no momento em terminou a competição, eu olhei para a sua direção e poderia jurar que vi papai ao seu lado.

- Pois eu tenho certeza que ele estava ao meu lado mesmo, ele jamais perderia esse momento. E ele está muito orgulhoso de você, assim como eu.

- Ah mamãe, tudo que faço é por vocês dois. Você e o papai são o combustível da minha vida.

- O amor, esse é o verdadeiro combustível da nossa vida. E pode ter certeza que isso nunca nos faltará.

Abraçaram-se carinhosamente e tiraram uma *selfie* com Sofia segurando sua medalha orgulhosamente, e enviaram para vô Everaldo, no grupo do aplicativo de mensagens que mantinham.

Ele sorriu emocionado com a certeza de que a filha e a neta estavam superando com maturidade e coragem todas as dificuldades que enfrentaram. Fez uma prece, agradecendo a Deus pela sua família, e desejou que André estivesse bem e amparado com a certeza de que sua família estava bem cuidada por aqui.

André recebeu o carinho do sogro como um acalanto em seu coração, e seguiu sua jornada na Espiritualidade com a certeza de que havia cumprido com louvor sua missão na recente encarnação. E sempre que possível, estaria junto aos seus amados ainda encarnados, enviando a eles todo seu amor.

VOCÊ PRECISA CONHECER

O NASCER DA LUZ NA ESCURIDÃO

Geane Oliveira Lanes
pelo Espírito Agnel
Romance • 16x23 cm • 208 pp

Encarcerado na Instituição Psiquiátrica do Hospital Colônia de Barbacena, Pedro percebeu que, apenas sob a luz de sua fé, seria capaz de sobreviver às atrocidades que enfrentaria naquele lugar. Com a companhia de seu melhor amigo, Ezequiel, e de toda a Equipe Espiritual que o assistia, ele fez de sua amarga experiência uma possibilidade de crescimento moral auxiliando outros internos a compreender que a melhor forma de lidarmos com a escuridão da violência e do preconceito é usando a luz da resiliência e do perdão.

ISBN: 978-65-88535-50-9

O LIVRO DOS ESPÍRITOS

Allan Kardec
tradução Guillon Ribeiro
Estudo • 16x23 cm • 384 pp

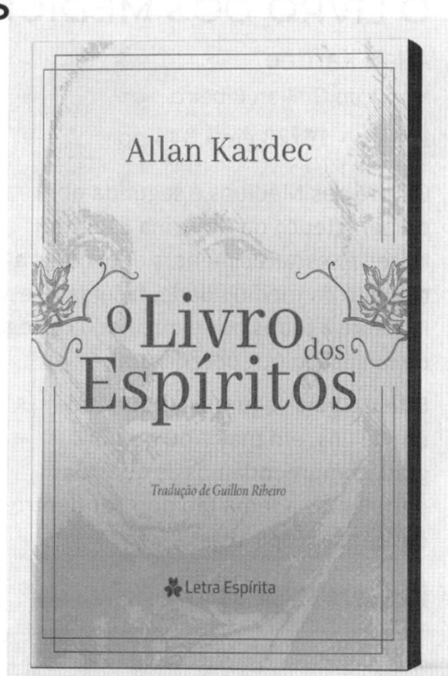

O Livro dos Espíritos é o primeiro e a principal obra da Doutrina Espírita e nos esclarece os princípios básicos acerca do Espiritismo.

A obra é composta por perguntas elaboradas por Allan Kardec e respondidas pelos Espíritos a diferentes médiuns, de diferentes localidades, cujo teor essencial dos ensinamentos foi condensado pelo codificador que desenvolveu a resposta ideal e teceu esclarecedores comentários acerca dos conteúdos apresentados.

ISBN: 978-65-88535-37-0

Pedidos: vendas@letraespirita.com.br | (22) 2738-0184 | (22) 99820-3332